心学大师湛若水丛书

湛若水的人生涵养境界

宁新昌／著

广州新华出版发行集团
广州出版社

图书在版编目（CIP）数据

湛若水的人生涵养境界 / 宁新昌著. —广州：广州出版社，2018.7

（心学大师湛若水丛书）

ISBN 978-7-5462-2806-8

Ⅰ. ①湛…　Ⅱ. ①宁…　Ⅲ. ①湛若水（1466—1560）—人物研究　Ⅳ. ①B248.99

中国版本图书馆CIP数据核字（2018）第154243号

书　　名　湛若水的人生涵养境界
　　　　　Zhan Ruoshui de Rensheng Hanyang Jingjie
出版发行　广州出版社
　　　　　（地址：广州市天河区天润路87号9楼、10楼　邮政编码：510635
　　　　　网址：www.gzcbs.com.cn）
策　　划　柳宗慧
责任编辑　杨珊珊　李素娟
文字编辑　刘雅丽
责任校对　蒋美秀
封面设计　肖晓文
印刷单位　广东信源彩色印务有限公司
　　　　　（地址：广州市番禺区南村村东兴工业园　邮政编码：511442
　　　　　电话：020-31035501）
规　　格　787毫米 × 1092毫米　16开
字　　数　130千
印　　张　8.5
版　　次　2018年7月第1版
印　　次　2018年7月第1次
书　　号　ISBN 978-7-5462-2806-8
定　　价　35.00元

前　言

湛氏若水（1466—1560），初名露，字民泽，后因避祖讳，改名雨，40岁时开始定名若水。字元明，号甘泉，谥号文简。明代著名思想家、教育家、政治家。甘泉是明代心学奠基者陈白沙的衣钵传人，他们创立的学派被称为岭南心学，以便区别于王阳明为代表的阳明心学。甘泉寿高，享年95岁，年少之时父亲去世，只能跟随母亲四处飘零，生活不乏艰难困苦。尔后经过科举仕进，由朝廷中的庶吉士做起，最后做了官属二品的礼部、吏部、兵部的三部尚书。当然，他曾亲历了明代官场的险恶，也懂得人间世故，虽然也会遇到诬蔑、陷害，甚至弹劾之类，但他都能安然度过，这其中不乏有人生智慧。甘泉一生不忘讲学，创办书院，招收门徒，传道授业、明理解惑。他勤于著述，善于思考，学术成果丰硕，思想博大精深，其中有经济的、政治的、礼法的、教育的、家规的、哲学的，等等，不愧为一代宗师，与同时代的王阳明堪称思想双峰。不唯如此，他的书院思想以及甘泉学派思想的形成及传承等，都值得人们去认真研究，以便从中汲取精华，为现代的社会建设、经济发展、精神文明、人格培养提供可以借鉴的理论资源。

甘泉学说继承白沙，白沙学说的基本特点是突出人的主体性以及人的本体地位。“天地我立，万化我出，而宇宙在我。”“我”非小我，也非私我，“我”是大我，也是天理。这个“我”是一种境界，也是一种胸怀，“我”是堂堂正正，直道而行，正义凛然，顶天立地。同时，也有一种理性认知，“我”不囿于一己之私，不拘于陈说陋习，也不屈于世俗权威。“我”的特点在“知疑”，“学贵知疑”。学是觉悟，疑是批判。只有思考批判，才能有所觉悟，也才会有进步，小疑小进步，大疑大进步，不疑不进步。白沙主张“静坐”，因为“静坐”，“久之，然后见吾此心之体隐然呈露，常若有物”。即“静坐”能体悟到“心”之本体的存在。平时人们可能会因为外在事物的缠绕，生活的繁忙，忘记了对自我的反省，忘记了“吾日三省吾身”。而只有在“静”下来的时候才会去思考什么是有意义的，什么是无意义的，什么是值得的，什么是不值得的。所以“静”是一种消极自由，一种不被世俗左右的自由，这实际就是意志自由、人格独立。和“主静”有关的是“自得”，所谓“自得者，不累于外物，不累于耳目，不累于造次颠沛，鸢飞鱼跃，其机在我”。“自得”说的是自主，不仅不被外物决定，而且又是自由自在，即“鸢飞鱼跃，其机在我”。因为“我”是主体。当然，白沙哲学中还有个“自然”范畴，“自然”源自道家，白沙引用了，并把它作为自己哲学的基本范畴，同时赋予了“心学”的意义。“自然”是“道”，“自然之乐，乃真乐也。宇宙间复有何事”。人生真正的“乐”是对“道”的“乐”，对于“道”的“乐”就是“自然之乐”，有了这种“乐”，其他的乐也就不算什么了。白沙处世大气，为人狂放，常思“我大而物小”，物之小者不足以夺取我之大者。作为儒者，他的自由绝对不是肆无忌惮、放荡不羁，而是“从心所欲而不逾矩”，是在自由洒落中对于义理的坚守，“义理须到溶液处，操存须到洒落处”。

甘泉学说不同白沙学说，白沙主静，甘泉主敬，甘泉说：“善学者，必令动静一于敬，敬立而动静浑矣。此合内外之道也。”什么是内外之道，内是道德理性，外是道德实践，道德理性很好地落实在道德实践中就是合内外之道。如果说“静”是一种消极自由，是不累于物，那么，“敬”就是一种积极自由，它要求儒者对于道德律令的真诚遵守，即先哲说的“执事敬”。实际上，这就是甘泉所理解的“自得”。在他看来，人能“执事敬”，就能有“自得”。他说：“若仆之愚见，则于圣贤常格内寻下手，庶有自得处。”“常格内寻下手”就是“体认天理”，“随处体认天理”是甘泉的发明，白沙给予了充分肯定：“日用间随处体认天理，著此一鞭，何患不得到古人佳处也。”甘泉解释：“吾之所谓随处云者，随心、随意、随身、随家、随国、随天下、随其所寂所感时耳，一耳。寂则廓然大公，感则物来顺应，所寂所感不同，而皆不离于吾心中正之本体。”就是在任何时候、任何情况下都要自觉体认“天理”的存在，并把它贯彻下去。不论是动，还是静，是感，还是寂，都不要忘记“天理”。寂静之时的“廓然大公”和动感之时的“物来顺应”，都是对于“天理”的自觉。所以，在“体认天理”的过程中，既有“心”，也有“物”；既有“知”，也有“行”。故“体认天理者，兼知行、合内外言之也。”“体认天理”包含了知行合一、表里如一和言行一致。它是一种工夫，工夫熟后，即是“自然”。所谓“自然”者，不见人为，不假人力，“不勉而中，不思而得”，自然而然，毫无造作，它是一种修养，也是一种境界。

甘泉不同于阳明，尽管他们是好朋友，也都属于心学一系。但他们都不苟且于对真理的探索和坚持，在具体的学术观点上他们有分歧。甘泉讲“心无所不包”和“心无所不贯”。阳明讲“心外无物”和“心外无理”。“心无所不包”说的是“心”包含了万物的存在，形上之“心”是万物的价值之源，“心无所不贯”说的是形上之“心”贯穿于万事万物中，当然也贯穿在人的言行当中。阳明讲“心外无物”突出了形上之“心”的价值之源，强调的是“致良知”，同时，在价值存在上否认了“物”的独立自在性，故后来的王学禅化在这里就埋下了伏笔。日本学者冈田武彦对甘泉的评价也许能说明问题：“湛甘泉豪迈峻敏，虽在力量上不如使其学风靡一代的阳明，但却比阳明资格稍老。他始终以体认之学为宗，其学与王学相互出入。阳明死后，湛甘泉又保持三十余年的长寿，在纠正当时朱子学亚流之弊的同时，又致力于救正王学亚流的猖狂之弊。”应该说，这个评价比较公允。

除了哲学之外，甘泉还有教育、礼法、政治，乃至经济思想等。甘泉重视教育，据史料记载：他建的书院（包括帮他建书院者）就有35所，其中广东地区有22所，如在西樵山建云谷书院、大科书院，在增城建龙潭书院、独冈书院、莲洞书院，在罗浮山建甘泉精舍、天华精舍，在白云山建白云书院，在广州建天关书院等。他的弟子接近4000人。陈裕荣编著的《湛甘泉门生弟子考录》一书记载有名有姓的弟子就达649位。明末清初的黄宗羲，在师承上就属甘泉的四传，即甘泉传唐枢，唐枢传许孚远，许孚远传刘宗周，刘宗周传黄宗羲。在教育中，甘泉重视人格培养和实践教学，他说：“君子之学也，犹之锻金也，不炉不锤则金不精。事也者，学之炉锤也，不历事则仁不熟。不熟，仁之弃也。夫仁也者，贵熟之。”人的品质不仅是学来的，更重要的是锻炼出来的，这锻炼就是在事上磨，事上磨就是社会实践。

甘泉关注礼教，不论是在书院的训规中，还是自己的家训中，都讲到许多有关礼规的内容，同时也非常重视这方面的训练。这其中就包括日常生活中的洒扫应对、爱亲敬长、隆师亲友等。这些都是做人的基本礼节。如《大科训规》说：“诸生相处，务守长幼之节。”“诸生相聚，不可自是自高，无长幼之序，虚心相下，非但礼所当然，亦且受益。”说的是弟子之间的相互尊重。《家训》讲：“凡父母在，兄弟不得各爨。每晨与兄弟同造父母之所，问夜寝安否，食能美否。父母问诸子过失否，过失安在，各前跪对。”其中所说应该以家庭的统一为重，子女要向父母问候请安，父母要问子女做事有无过错。另外，对于传统的吉礼、凶礼、军礼、宾礼和嘉礼，以及乐、射、御中有关礼的问题也都有论述。

在政治经济方面，他承续中国的德治传统，主张以德治国，强调对于“国之理”的认知。他说：治国首先要认识“国之理”，“《大学·治国章》以孝、弟、慈，以心，以仁让，以恕言之，吾心感应乎国之理也，是故事君使臣也、立教兴化也、事长慈幼也、使众临民也、正朝廷也、正百官也、正万民也，皆国之事理也。”这说明治国不能离开德的要求，礼法固然重要，但德更为基本，礼法应该建立在德的基础之上。在经济上，他重视农桑，强调民事的重要性，“事神者，敬天是也。治民者，农桑是也。……农桑之务，乃衣食之源，民事之最急者也。”

总之，甘泉思想中蕴含着丰富的宝藏，需要人们去挖掘、研究和传扬。广东省岭南心学研究会近年来主持并完成了国家古籍整理出版资助项目《湛若水全集》（约400万字）的点校，同时组织《心学大师湛若水丛书》课题，经广东省社科联积极向中共广东省委宣传部申报广东省“理论粤军”项目，课题获得批准。广州出版社对《心学大师湛若水丛书》的出版高度重视，列入重点项目出版计划，精心组织出版。我们在整理甘泉思想资料的基础上，推出这套丛书，目的是从不同维度去揭示其思想内涵，呈现其历史意蕴，发现其所潜含的现代价值。希望丛书能够对读者全方位地了解湛若水有所裨益。

广东省岭南心学研究会

2018年6月

目　录

序

湛氏若水是有明一代可以与王氏阳明比肩而立的一代儒宗，其学说影响在当时并不逊于阳明，后来湛氏学说式微，原因是多方面的，但这并不影响他在学术史上的地位。日本学者冈田武彦曾在《王阳明与明末儒学》中这样评价湛若水："湛甘泉豪迈俊敏，虽在力量上不如使其学风靡一代的阳明，但却比阳明资格稍老。他始终以体认之学为宗，其学与王学相互出入。阳明死后，湛甘泉又保持三十余年的长寿，在纠正当时朱子学亚流之弊的同时，又致力于纠正王学亚流的猖狂之弊。"此评价应该说比较公允。

湛若水是明代心学开创者陈白沙的弟子，白沙的门徒，可谓是人才济济，而他能成为衣钵传人，自有其中的道理。纵观他的一生，可谓三命（气命、遇命和性命）俱佳。气命很好，遇命难得，性命不错。先说气命，他享年九十有五，在古代医疗条件并不发达的情况下，能有这把年纪，可不是一般人所能做到的，而他做到了。与之交游甚深的王阳明，也只活了五十八岁。正是因为有了这样的气命，加上好的身体，即使已经到了九十岁的高龄，他照样能外出讲学，且不歇停。他乐于思考，勤于著述，一生著作宏丰，与之匹敌者，历史上尚无几人，洋洋洒洒几百万字的学术著作，实非一般学者所能为。再说他的遇命，出身于名门望族，饱受诗书熏陶，虽说早岁遇有坎坷，少年失怙，但他有一个坚强而伟大的母亲。尊奉母命，他走上了举子仕进的人生之路，由学而仕，进入权力世界，在朝做官。他人总是命运多舛，步履艰难，而他却能一路顺畅，最终临居高位，历任三部尚书，且能泰然处之，安然无事，乐享终年，这样的人生阅历世人难企。他的际遇不错，一生中遇到了不少贵人，也遇到了很多高人。在他的朋友圈里，有像庄昶和白沙这样的先哲，也有像章懋、杨廷和、张元祯、罗钦顺，乃至吴廷举、朱节这样的师者（伯乐），他们开导着他、教育了他、推荐了他；有像梁储、张诩、李承箕、林光、贺钦这样的同门，他们也是陈白沙的弟子，他和他们总是以这样或那样的方式进行着思想交流，相互进学问道；有像王阳明、吕柟、罗洪先、蒋冕这样的同事，他们私交不错，往来频繁，在学问上切磋，在事业上互助；有像黄绾、王畿、钱德洪、聂豹、薛侃这样的同道，他们均是阳明的弟子，但他和他们交往密切，相互促进；有像邹守益、唐枢这样的门徒，他们敬佩他的学问，而且在学业上均有创获；还有像严嵩、顾鼎臣、崔铣、张邦奇这样的“同年”，他们是同学，同进于太学，也是同科进士，他和他们有着良好的关系；也有像霍韬、方献夫、庞嵩这样的同乡，当然，同乡远不止他们三个，他们有来往，有交游。在以上的朋友圈里，有的是内阁首辅，如梁储、杨廷和、方献夫、顾鼎臣、严嵩、蒋冕；有的是殿试状元，如顾鼎臣、吕柟、罗洪先；有的是学派的开创者或嫡传，如陈白沙、王阳明、吕柟（河东学派薛瑄的四传弟子）；等等。他在刘瑾专权时，小心谨慎，未有冒犯，两人没有发生过什么冲突。王阳明则不然，以致被贬到贵州的龙场。甘泉和阳明是知己，在王阳明赴龙场之时，他作《九章赠别并序》送予阳明，以示鼓励。在严嵩擅权时，他平静安稳，因为他和严嵩是同学，也是同科，两人私交不错，因此，有人会批评他，说他竟然和奸党厮混在一起，这也是他留给别人指责的口实。别人的指责也无可厚非，因为这是事实。但是，从他的整个为人处世方式和他的学术思想来看，笔者认为，他的处世是成功的，他能处理好方方面面的关系，他能对付各种各样的人，他深谙人间世理，懂得为官之道，他真正做到了内方外圆。可以这样说，他的人生是成功的。他的成功在于他的气命很好，并得之于他的遇命。当然，更重要的是与他的处世态度有关，与他的人格修养有关，与他的哲学思考有关。而他的处世态度、人格修养和哲学思考恰恰反映的是他的性命，这性命在人生中所起的作用比前两者都大。人之性命，不仅是上天所赋予的，“天命之谓性”，而且重要的是要通过个人的修养功夫获得，没有个人的一番艰苦的功夫，这性命的意义就很难呈现出来。如何看待他的性命？那就要读他的书，看看他是如何表达他的哲学理念的，看看他的修养功夫和做人原则。

笔者总以为，他的哲学是从他的性命中流淌出来的，他真正做到了“外同乎俗，内秉纯洁”。这句话的真谛也只有真正理解他的人才能知晓，也只有具备高超智慧的人才能做到。这正是湛若水的过人之处。

这本书之所以要探讨湛若水的人生涵养理论，就是要看看他是如何做人的，如何要求弟子的，他的为学理念、功夫路径、人格境界以及终极关切。所有这些对于当今人文精神的重建皆有启迪作用，也能为现代人文价值的建设提供可以借鉴的理论资源。

第一章
出身望族　立志成业

一、家世

湛氏若水（1466—1560），初名为露，字民泽，后因避祖讳，改名为雨，四十岁时开始定名为若水，字元明，号甘泉，谥号文简。为了表达对先哲的敬仰和尊重，著者拟以号称之，称其为甘泉或者甘泉先哲。

甘泉的家族可以追溯及他的始祖。甘泉始祖名露，本是福建莆田人，元朝大德年间（1297—1307）任德庆路总管府治中。元朝时期的行政制度是，在行省下面设有路、府、州、县四级。他在路里为官，任治中一职，主要负责官府中的行政事务文书档案之类的工作，离任之时，湛露途经增城的沙贝，也就是今天的新塘，发现这里是个宜居的好地方，随后卜居在此。卜居意为选择地方居住，当然些许有点占卜的意思，但是，这在古代则是一件再正常不过的事情，也是古人根据《易经》的道理对未来做出的一种预测和判断，其中也包含了对吉祥美好的向往。

湛露娶妻邝氏，生有两个孩子，长子名世忠，次子名晚丁。晚丁曾任县主簿一职，主簿相当于现在的秘书长之类，也算是对父辈事业的一种继承。

湛晚丁生有一个孩子，名怀德，字志高。元末之季，兵荒马乱，盗贼猖獗，民无宁日，怀德便组织乡兵以自保于新塘，随之也被遥授予“元帅”称号。《增江志》里这样记载：“怀德尝为保障头目，有部卒盗其池鱼，捕以获，保障公令归辞父母，自来就死，及期果至，保障公曰：‘以鱼杀人，德所不忍。’开释遣去。”怀德作为保障的头目（领导），他性格耿直善良，但管理严格，部卒偷盗池鱼，要求予以严厉处罚；但在具体问题的处理上也会留有余地，还是要从以仁（人）为本出发，不能因为盗了几条鱼就狠心把偷盗者杀掉，这于德不忍，所以，最终还是在教育之后释放了偷盗者。这反映了他的品行，体现的是一个儒者的社会治理思想。还有“洪武中，邻境苏有兴作乱，南雄侯奉命征讨，海道不利，官军几陷，保障公仗义起兵，赴海力救，侯得师还”。也就是在明王朝建立之后，洪武年间（1368—1398），即朱元璋那个时代，在广东东莞的中堂村，有一个叫苏有兴的人组织了一些人犯上作乱，怀德则仗义起兵，协助南雄侯平息叛乱，保证了一方百姓的安宁。为了纪念他的事迹，后人建立了湛怀德祠，以表示对他的敬仰。湛怀德一辈子不愿出仕，不愿做官，所以，他也被后人称为“义士”。

湛怀德生有一子，名汪，字果成。对湛汪，有关事迹记述不多，只说他是一名处士。一般来说，处士的人生态度是善于自处，不求闻达。但是《孟子·滕文公》也有“处士横议”一说，这说明他们关心政治，乐于抨击时弊，敢于揭露社会的丑恶。他们不是隐士，而是社会的批判者。

湛汪生有五子，其中一子就是湛甘泉的祖父湛江，湛江字宗远，号樵林。樵林公天资聪慧，为人厚道，不识谲诡，光明正大，迪巽履谦，待人平和，与物无忤，性格沉静。他曾长期栖居于增江的上游庄，增江是东江的一条支流。有载曰：“庄有大田，侧开鱼沼，结茅其上，徜徉业作。又或桑于围山，田于岗麓，俯仰食力，为终身乐，不求闻达。”其生活可谓富庶闲适，无忧无虑，自由自在，有田野，有鱼沼，有桑树围山，有田耕岗麓，自给自足，自得其乐。他不贪财物，好善乐施，曾说：“夫产也，将传子孙，当使困者皆与我利，岂可乘机以专多乎？”财产可以传与后代，但不应独享，应该使那些贫困的百姓也能得到好处。据说大学士琼台丘公，闻先生山樵水渔，高栖遐遁，为其作《樵林记》，而这些皆在其家谱中有记载。

大学士琼台丘公，即海南丘濬。丘濬（1421—1495），字仲深，号深庵、玉峰、琼台，别号海山老人，谥号文庄，是明代著名的理学家，著有《大学衍义补》等。他在朝为官四十年，历任编修、经筵讲官、侍讲、侍讲学士、翰林学士、国子监祭酒、礼部侍郎、尚书、纂修《宪宗实录》总裁官、文渊阁大学士、户部尚书兼武英殿大学士等职。像丘濬这样位高权重的人能写《樵林记》以赞扬樵林公，今天是不可想象的。不管是出于什么原因，都足以说明湛江的社会影响和人格魅力。

另在族谱中，也有记载樵林公和陈白沙有来往，其根据是吕柟撰写的《明加赠资政大夫南京礼部尚书樵林湛公、配夫人梁氏神道碑文》。其中写道："是时白沙陈内翰倡道广中，闻先生山樵水渔、高栖遐遁，遂作《入云堂构诗》以贻之。诗云：入云堂构昔人开，兰桂春风次第来。黄云山高几千丈，后山前日寄声回。"据黎业明考证，此诗名为《民泽祖樵林居士构堂于上游庄，民泽乞题》，由此来看它不是白沙赠贻樵林公的，而是湛甘泉乞请白沙作的，以此诗推断白沙和樵林公有交往，理据上是不充分的。应该说，黎业明的考据也有道理。但是，白沙和樵林公到底有没有交往也很难否定，从年龄上说两人基本相仿，加之，两家在当地皆有比较高的声望，故有来往也是可能的。再说，吕柟撰写《明加赠资政大夫南京礼部尚书樵林湛公、配夫人梁氏神道碑文》时，甘泉仍然健在，他也没有去公开予以否认。

樵林公生有一儿子，这就是甘泉之父，其名瑛，字伯琛，号怡庵，人称怡庵公。对于怡庵公，史书有这样的记载："怡庵介直方严，刻行砥俗，乡之善良咸服信取则，倚以扶弱御侮。然不辞色少贷人，面斥人过恶，至无所容。"由此可见，怡庵公为人严谨，不流于俗，无屈外侮，颇孚众望。然斥人之恶，不留情面，不辞色少贷人。因此也结下一些冤仇，这就是史料上说的"狡狯之徒动见矫拂，嫉视如仇，聚谋必覆公于恶，毋使抗吾为。公直行其心。不顾，竟为所构诬。愤，发病以死。公既死，其徒恶益行，乡之人遂谓'公行义，顾报戾其施，而恶者自若，吾侪何以善为？'后十余年，为奸者贯盈，剪灭浸尽"。他坚持自己的原则，不畏坏人诬陷，但是，最终含愤离世，然而，他毕竟留下了"公行义"的好名声，也给子孙留下了一笔难得的财富。当然，在他离世之后，那些为恶满盈者，也没有得到什么好的下场。这也许就是善有善报，恶有恶报吧！

从烈太祖湛露，到天祖湛晚丁，到高祖湛怀德，到曾祖父湛汪，到祖父湛江，到父亲湛瑛，历世六代，这是甘泉家的家谱，也是他的家族的文化基因。这是一个士绅家庭，这是甘泉成长的家庭的历史和现实的环境，它对甘泉个人人格的形成、心志的锻造无疑起到了非常重要的作用，是甘泉进步的基础。应该说，甘泉后来的发展与家庭的文化有关，与他的家庭氛围、家风有关。一个真正的贵族，是需要较长时间积淀的，这不仅有文化的积累，更是精神气质的积淀，也是做人底气的积淀。一个有精神文化积淀的人和一个没有精神文化积淀的人是不一样的。

实际上，甘泉学问和事业的发展，也应验着《易传》中的一句话，“积善之家，必有余庆；积不善之家，必有余殃”。甘泉的成功，不仅有自己的努力，也有祖辈的功劳。这功劳是祖辈所积的德，是祖辈自身的文化教养，也是祖辈留下的家风。所有这些都是一笔非常丰厚的历史遗产，它影响着一个人的成长，甚至决定着一个人的命运。古人不是说过这样的话：“以清白遗子孙，不亦厚乎！”清白指的是人格、教养，它对后世的影响难以估量。

二、身世与仕进

甘泉早年遇有坎坷，少年失怙，飘落他乡。但他有一个坚强伟大的母亲，正是母亲的抚养和教育，以及他自己的不懈努力，最终使他成人成才；立德、立言和立功，实现了人生追求的“三不朽”。

明成化二年，也就是1466年，甘泉出生在广东增城的甘泉都沙贝村。七岁那年，由于父亲“豪侠好义，为乡里媒孽”，造成了湛氏家族与乡人的冲突，不得已，他和母亲陈氏避难于惠州府归善县的一个叫作冈下的地方，暂时栖身于曾任同知（官名）的李应家中。后又移居到紫金县赤树塘。大约在外流离九年，等到事件平复，也就是在甘泉十五岁那年，他们回到了增城。

在避难期间，祖父樵林公辞世，这一年甘泉九岁；到了他十一岁时，父亲怡庵公又离开人世，剩下孤儿寡母，他们只能相依为命。后来的举子仕进，其母亲可谓是厥功至伟。到了母亲过世时，甘泉曾如此深情地赋诗缅怀："谥妣曰贤母，四十孀居整。"是母亲把他拉扯长大，是母亲把他培养成人。一个女人守寡四十余载，除了生活上艰辛之外，还会遇到社会上的歧视，旁人的冷言冷语、世人的眉高眼低也是不可避免的。她还肩负着教育子女的重任，并且教有所获。对此，王阳明在其《湛贤母陈太孺人墓碑》中给予甘泉母亲很高的评价："吾闻太孺人之生七十有九，其在孀居者余四十年，端靖严洁如一日。"湛母的品质是崇高的，端庄、平静、严毅、纯洁，这样的评价非常高。顾鼎臣在《慈母传》中则这样评价湛母："家尝中衰，怡庵又蚤世，孺人携若水及诸女依母家以居，餐粝衣敝，日日切切以训子为事。"怡庵公去世，家道中落，是湛母苦苦支撑起这个家庭，生活虽然艰辛，但她并没有忘记子女教育。这也正是湛母的过人之处。一般来说，列入《慈母传》并非易事，而湛母能被选入其中，自有个中因由。顾鼎臣（1473—1540），何许人也？明代官员，初名仝，字九和，号未斋，苏州昆山人。弘治十八年（1505）殿试状元，与甘泉为同科进士，也是甘泉的同僚，历官修撰、左谕德、礼部右侍郎、礼部尚书兼文渊阁大学士，入参机务，追加少保、太子太傅，曾拜相入阁，著有《未斋集》。

甘泉十六岁时入乡校，二十七岁中举人，为了避讳始祖的尊名，遂改名雨。二十八岁上京会试，不幸落第。甘泉和传统士人一样，走的是一条科举仕进的人生之路。落第之后，归家途中，路过南京江浦，他拜访了庄昶。这时的庄昶早已在定山过着隐居生活。庄昶（1437—1499），字孔旸，号木斋，又自号活水翁，因隐居定山而被称为定山先生，江浦（今南京浦口）人，成化二年（1466）进士，曾任翰林院检讨。因不愿献诗进赋粉饰太平，便与罗伦、章懋、黄仲昭等先后遭到贬谪。庄昶被贬为桂阳州判官，后做南京行人司副。明成化七年（1471），庄昶父母相继故去，他回浦口，晚年卜居定山二十余年，去世之后，追谥文节。著作有《庄定山集》。他是一位著名的理学家，《明儒学案》对其有介绍，他为人正派，品行独立，赋诗作词，传道授业。黄宗羲说他"以无言自得为宗，受用于浴沂之趣，山峙川流之妙，鸢飞鱼跃之机，略见源头，打成一片，而于所谓文理密察者，竟不加功"。由此可见他的心学倾向。他是陈白沙的挚友，两人过从甚密，学术来往不断。他长甘泉近三十岁。对甘泉而言，庄昶是一位长辈、师者。由于这时的甘泉正处在人生观和世界观的成形时期，故归家途中，路访定山先生，并且得到定山的“亟见奖许”，无疑会对他起到鼓励和鞭策作用。应该说，这次拜访对于甘泉来说是非常重要的。

庄定山有没有向甘泉建议日后求学于陈白沙，现无资料可考。但是，基于定山和白沙的关系，这种可能性是不能排除的。

第二章 交游同道　锻造品行

一、甘泉与同门

甘泉在会试落第的第二年，也就是在他二十九岁时，由梁景行（陈白沙的弟子，顺德人）介绍，拜师心学大家陈白沙（1428—1500），即陈献章。陈献章字公甫，号石斋，因居住在新会白沙村，人称白沙先生。白沙是明代心学的奠基者，主张学贵知疑，提倡静修，崇尚自然，注重自得。所有这些对甘泉都影响至深。白沙弟子众多，学有成就者不乏其人，而唯有甘泉被指定为衣钵传人，可见白沙对甘泉的信任。经由白沙心学的长期浸淫，以及师生之间的学问致辩，到二次会试（弘治十八年，即1505年）中了进士时，甘泉年已四十。从第一次会试到第二次，期间已经“十有三年”的工夫，之所以如此，除了就学于白沙外，主要还是侍奉老母。如其所说，“以侍母不赴会试者十有三年”。也就是《明儒学案·甘泉学案》中所说的“不赴计偕（举人赴京会试）”。甘泉后来曾专门论述德业和举业，著有《二业合一训》一书。何谓“一”者，就是两者是统一的。其具体体现就是“执事敬”，也就是在“二业”当中最基本的还是德业，当然，也不能离开举业而另寻找所谓德业，两者本来就是辩证统一的。

白沙开创的心学，即岭南心学，明代的岭南心学是儒学研究和传播的一个“重镇”，在这样一个集体里，可谓是人才济济。除了甘泉之外，还有梁储、张诩、李承箕、林光、谢祐、李孔修、贺钦、陈茂烈、容贯、罗服周、潘汉、叶宏、林廷瓛等。这些人基本上和甘泉的年龄相仿，他们之间思想上的交流、学问上的切磋，乃是再正常不过的事情。下面就看看其中一些人的情况：

梁储（1451—1527），字叔厚，号厚斋，广东顺德（今南海石硝）人。戊戌会试第一名，传胪二甲第一名，成化十四年（1478）进士，被选为庶吉士。由翰林编修累官至特进光禄大夫、左柱国、少师兼太子太师、吏部尚书、华盖殿大学士，获赠太师，入参机务，一度出任内阁首辅（丞相），谥号文康，御赐葬祭。著作有《郁洲遗稿》。梁储中进士时，甘泉还未投诸白沙门下，但他们毕竟是同门，也属老乡，后来皆为当朝官员，而且他们两人在当朝也都是非常有影响力的，不能完全排除他们有来往。甘泉在《甘泉先生续编大全卷之八》中说过这样的话：“吾在庶吉士时，闻梁厚斋公道乡人谤石翁之言云云，吾怒之。”此属甘泉对梁储在这个问题上的看法。当然，我们也不能凭此而对梁储的人品做一个整体评价。

张诩（1456—1515），字廷实，号东所，南海人（一说番禺人）。成化二十年（1484）进士。官至南京通政使司右参议。著作有《张诩集》。黄宗羲评价说：“白沙以‘廷实之学，以自然为宗，以忘己为大，以无欲为至，即心观妙，以揆圣人之用。其观于天地，日月晦明，山川流峙，四时所以运行，万物所以化生，无非在我之极，而思握其枢机，端其衔绥，行乎日用事物之中，以与之无穷’。观此则先生之所得深矣。”这是黄宗羲引用陈白沙的话来评价张诩。白沙是认可弟子张诩的，认同他的以自然为宗、以忘己为大、以无欲为至。张诩学问不乏有道家的洒脱气象，当然还有佛家“以心观妙”的思维方式，但是，张诩是儒者。张诩长甘泉十岁，两人并未直接同学，但有学术往来。在《张诩集》中就有《次韵寄湛民泽》《别民泽后用韵寄兴》《寄傲亭怀湛民泽》等文；在《泉翁大全集》中也有《次韵答东所张先生》《用韵留别东所张先生》等文。对于他们的学术分歧，甘泉也并不讳言，批评也非常直率，甘泉曾说：“常恨石翁分明知廷实之学是禅，不早与之斩截，至遗后患。翁卒后，作墓表，全是以已学说翁，如不以手而能书，不以心而能诗，全是禅意，奈何！奈何！”这说明甘泉和张诩学问有差异，也说明了甘泉对张诩学问的看法。

李承箕（1452—1505），字世卿，号大厓，湖北嘉鱼人，成化二年（1466）举人，不喜为举子之业。著有《大厓李先生集》。黄宗羲评价李承箕“胸怀洒落，白沙之门更无过之”，“其文出入经史，跌宕纵横”。这样的评价是非常高的，不仅评价了他的学问，而且还说了他的为人气象。白沙与之性格气质颇为相投，所以，“赋诗染翰，投壶饮酒……无所不语”。那么，甘泉和世卿有无交往？甘泉的弟子洪垣在撰写甘泉的墓志铭时说了这样一件事：白沙“定居楚云台，台谓楚者，楚进士李承箕筑也。李善诗文，尝以书来问守台者，白沙先生复曰：‘时有湛雨者，始放胆来居之，冷焰迸腾，直出楚云之上。’”楚云台是白沙的讲学之地，为李承箕所建，李承箕离开江门后，守台者就是湛甘泉。李承箕去世那年，甘泉中了进士。应该说，两人交往不多，但不排除其学术上的借鉴。

林光（1439—1519），字缉熙，号南川，东莞人。成化元年（1465）举人。成化五年（1469）会试入京，拜白沙于神乐观（官署名），从归江门，筑室深山，往来问学几二十年。白沙称“其所见甚是超脱，甚是完全。盖自李大厓而外，无有过之者”。林光曾说：“所谓闻道者，在自得耳。读尽天下书，说尽天下理，无自得入头处，终是闲也。”成化二十年（1484）复出会试，中乙榜，授平湖教谕。历任兖州、严州府学教授，国子博士，襄王府左长史（协助襄王处理行政管理事务的职务）。甘泉和林光虽是同门，但没有直接同学，林光也年长甘泉好多。不过，在白沙门下时，白沙常在甘泉面前提及林光。如甘泉说：“白沙先生谓林缉熙曰：‘此理无一处不到，无一息不运，得此把柄入手，更有何事？’只此数句，理一分殊都在其中。理一分殊，只是一理，更无二理。夫子川上之叹，便以一句道尽，曷曾如是费力？‘自兹以往，更有分殊处合要理会。’此就缉熙功夫学力而言，是周匝说话，体用一原，显微无间。”他的基本意思是，“理”是普遍的存在，它体现在具体事物当中。缉熙在这方面是用了功夫的。甘泉还说：“予癸丑下第南归，访先生（庄昶）于定山。潇然洒落，望之知为有德人也。今观先生及诸公之言，即先生之学宜与白沙先生同，而白沙先生尝语我曰：‘定山人品甚高，恨不曾相与问学。不知其后问林缉熙否？缉熙又何以告之？’”定山洒落，白沙超脱，两人惺惺相惜，白沙曾对甘泉说，不知定山见到缉熙后是否还提到自己。林光过世后，湛甘泉撰《祭林南川文》，并称之为“故友”。可见他俩之间的关系比较密切。

谢祐（生卒年不详），字天锡，南海人。筑室葵山之下，并日而食，袜不掩胫，名利之事，纤毫不能入也。尝寄甘泉诗云：“生从何处来，化从何处去。化化与生生，便是真元处。”卒后附祀于白沙。谢祐看来有些“隐士”气象，他的诗歌，不免有些禅学味道，确与白沙存在差异。但他毕竟还是儒者，同门的甘泉曾这样评价他：“清修励行，在白沙先师之门，甚有翼道之功。”

李孔修（生卒年不详），字子长，自号抱真子，顺德人。初赴会试，以搜检严，掷砚而去，可见其特立独行的性格。甘泉曾说自己“始求教白沙先生，先生先叹曰：‘此学不讲三十年矣。’”此学指的是儒学，甘泉问其原因，白沙解释说：“子长只作诗，廷实寻常来只讲些高话，亦不问，是以不讲。此学自林缉熙去后已不讲。”对于李孔修的“只作诗”，白沙不太满意，但他仍是白沙的高徒。甘泉在《祭林南川文》中言：“我疑进问，子长东所，并称高弟，语何不可。”子长就是李孔修，东所就是张诩。

贺钦（1437—1510），字克恭，别号医闾，浙江定海人。成化二年（1466）进士，授户科给事中，寻告病归。弘治元年（1488）起为陕西参议，檄未至而母殁，乃上疏恳辞，遂不复出。构小斋读书其中，杜门者十余年。钦文章颇多，但信笔挥洒，不甚修饰。著有《医闾集》。甘泉后为之作墓表，说道：“自周公没，数百年而孔子作，颜、曾、子思传之绝。百余年而孟子作，孟子没而道无传焉！绝者又千数年，而宋有周、程子作，张、朱继之。自是绝者又数百年，而我朝白沙先生作。时则有医闾先生与罗一峰、庄定山、章枫山诸先生，然而笃信恳到，则医闾公其人也。”评价的确很高。

以上是白沙几个弟子的一些情况，他们与甘泉总是有着这样或那样的关系，甚至学术交往，他们探讨学问，寻求真理，相互影响，共同提高。白沙的其他弟子就不一一赘述了。

二、甘泉与师者

在人生的旅途上，甘泉也遇到了除白沙之外的另一些可敬的师者。

弘治十七年（1504），在佥宪徐纮的劝说之下，甘泉奉母命，北上入南京太学。徐纮是弘治三年（1490）进士，授刑部郎中累官至广东按察司佥事，终官云南按察司副使。能得到徐纮的劝说，足以说明陈白沙及其弟子们的影响之大，更说明甘泉在当时的影响力。甘泉虽只不过是一介书生，但他的“随处体认天理”的思想早已形成，估计已经有了一定的影响力。

甘泉入太学后见到章枫山，洪垣记载：“祭酒枫山章公一见，与论君子所性，倾倒纳交，不敢以举子相视。”意思是，国子监祭酒章枫山在与甘泉讨论孟子所讲的“君子所性”时，就对甘泉的学识非常赏识，并视之为朋友，并不是当作一般的举子来对待。罗洪先也说：“祭酒章枫山试睟面盎背论，奇之。”也是说章枫山与甘泉讨论孟子的性善论后对他感到非常惊讶。《明儒学案》说：在会试时，考官“杨文忠、张东白在闱中，得先生卷，曰‘此非白沙之徒，不能为也’”。张东白还叹道：真正的儒者重新来了。

章枫山是谁？就是前面提到的和庄昶等人一起被贬的那个章懋（1436—1521），字德懋，号暗然居士、瀫滨遗老，人称枫山先生，浙江兰溪人。成化二年（1466），会试第一，举进士，官至礼部尚书。著有《金华·兰溪乡贤祠志》《枫山全集》《枫山语录》《正德兰溪县志》等。章枫山也曾问学于白沙，当然，并不能因此就认为章枫山是陈白沙的弟子，但能说明他们之间有学术来往。甘泉在《奠故大宗伯枫山章先生文》中自称“门生”，并说：“夫子之生，天笃其性，不揉而直，柔顺中正，人曰‘克温’，温而亦厉，表里如一，人己无异。”而且，在《大宗伯枫山章先生像赞》中甘泉给予他很高评价：“先生自谓一生委靡。君子曰：盛德之至，是故不言而信，不怒而人畏，不为名高以立异，而人自有不可企。”

杨文忠，即杨廷和（1459—1529），内阁大学士，字介夫，谥号文忠。四川新都人，祖籍江西庐陵。成化十四年（1478）殿试居第三甲，赐同进士出身。弘治二年（1489），升任修撰，参修《明宪宗实录》和《大明会典》等书，弘治十五年（1502）擢左春坊大学士。正德二年（1507）初由詹事府入东阁，专典诰敕（朝廷封官授爵的敕书），因与宦党相抗，得罪司礼监大太监刘瑾，改官南京户部尚书。不久因修书功成召还，授文渊阁大学士参理机务，后迁吏部尚书，及至刘瑾伏诛，于正德七年（1512）进谨身殿大学士，曾出任内阁首辅。甘泉曾在《初入朝豫戒游逸疏》中说："旧德老臣，如大学士杨廷和等……时赐召问，以兴其成王畏相之心。"也体现了对杨文忠的尊敬。

张东白，即张元祯（1437—1506），字廷祥，别号东白，谥号文恪，南昌人。天顺四年（1460）进士，入翰林为庶吉士。弘治初，召修《宪宗实录》。进左赞善，上疏劝行王道。升南京侍讲学士，后又召修《大明会典》。进翰林学士，侍经筵。丁忧丧毕，改太常卿，掌詹事府。著作有《东白集》。

不仅如此，罗钦顺也是甘泉的恩师。甘泉在入南京太学时，罗钦顺就任国子监司业。后来罗钦顺的《整庵履历记》中记述："在任将二年，所奖进之士，如吴惠、汪立、王思、陆深、严嵩、董玘、张邦奇、湛若水、杨叔通、陈沂、盛仪、潘鉴、曹琥等，后皆有名，亦自喜其不谬。所愧学力未充，未能相与痛加切磋耳。"这些人都是他的学生，后来皆有成就。所以，对罗钦顺，甘泉以"门生"自称。他也曾写信给罗钦顺，有《上罗整庵太宰书》《寄整庵公罗冢宰书》。在罗钦顺去世后，甘泉也曾撰《奠罗整庵先生文》，其中写道，"作人模范，以表群伦，躬行若子，庐山共尊"。罗钦顺（1465—1547），字允升，号整庵，江西泰和人。弘治六年（1493）进士科探花，官至南京吏部尚书。其学说与甘泉、阳明有较大差异，但对甘泉有影响。著有《困知记》《整庵存稿》《整庵续稿》。嘉靖二十六年（1547）去世，年八十三，赠太子太保，谥号文庄。

当然，还有两人需要提起，即吴廷举、朱节。嘉靖元年（1522），甘泉五十七岁，由都御史吴廷举、御史朱节共同推荐，起补翰林院编修、经筵讲官。这一举荐对甘泉在仕途上的发展提供了新的契机。

吴廷举，字献臣，梧州人。成化二十三年（1487）进士，除顺德知县。忤中官，毁淫祠，以葺学宫、书院，执下狱。后迁成都同知，擢广东佥事。从总督潘蕃讨平南海、清远诸盗。正德初，任副使，发总镇中官潘忠二十罪，潘忠亦讦廷举他事，逮系诏狱。刘瑾矫旨，枷十余日，几死。戍雁门，旋赦免。擢江西右参政。世宗（嘉靖皇帝）立，召为工部右侍郎，改兵部、户部，迁右都御史。后寻改南京工部尚书，称疾乞休。辞疏中复用“呜呼”字，帝怒，以为廷举怨望无人臣礼，嘉靖五年（1526）令其退休。家居三年去世，享年六十六。隆庆中，追谥清惠。甘泉撰《工部尚书吴公神道碑文》这样评价吴廷举：“司空正卿，不拜而行，人皆曰亢，公视则轻。公曰予已，正丘而毙，仕止死生，诚哉无愧！”可见，吴廷举绝非一般人物，他为人耿直，敢于担当，不惧陷害，视死如归。与这样的人交朋友，值得！吴廷举也曾编辑陈白沙的著作《白沙先生诗近稿》［明弘治九年（1496）刊本］。

朱节（1475—1523），字守中，号白浦，浙江山阴人，王阳明的弟子，正德九年（1514）进士。历任官湖广黄州府推官、山东巡按道监察御史。

三、甘泉与同事

在甘泉的人生境遇中，还有这样一些人。如王阳明、吕柟、崔铣、张邦奇、蒋冕、罗洪先、顾鼎臣。他们是湛甘泉的朋友、同僚、知己。

王阳明（1472—1529），字伯安，别号阳明，浙江余姚人。弘治十二年（1499）进士，历任刑部主事、贵州龙场驿丞、庐陵知县、右佥都御史、南赣巡抚、两广总督等职，晚年官至南京兵部尚书、都察院左都御史。因平定宸濠之乱而被封为新建伯，隆庆年间追赠新建侯，谥号文成。著有《王文成公全书》。王阳明是阳明心学的开创者，其学影响深远。阳明比甘泉小六岁，比甘泉中进士早六年。在甘泉中进士的第二年，两人就一见定交。第三年，即正德二年（1507），阳明遭贬谪龙场，甘泉作《九章赠别并序》以赠阳明，阳明也作诗以答。甘泉常称阳明为“吾友”“我友”“同志”“阳明子”“先生”。在阳明返京之后，两人比邻而居。正德六年（1511），甘泉出使安南，阳明作《别湛甘泉序》曰：“晚得友于甘泉子，而后吾之志益坚，毅然若不可遏，则予之资于甘泉多矣。……吾与甘泉友，意之所在，不言而会；论之所及，不约而同；期于斯道，毙而后已者。”湛母去世，王阳明写《湛贤母陈太孺人墓碑》。而在王阳明去世时，甘泉便撰《奠王阳明先生文》曰：“于乎戚乎！于乎哀乎！而止于是乎！而遽至于是乎！谓天之生人，其有意耶？其无意耶？以为无意也，何以厚赋兄智若是？以为有意也，则能笃生是，曷不永成是？嗟惟往昔，岁在丙寅，与兄邂逅，会意交神，同驱大道，期以终身。”悲痛之情，难以言表。两人情真意笃，友谊深厚，王湛心学，亦堪为时代双峰。至于两人之间的差异，我个人体会：阳明的“心”是内在而超越，甘泉的是超越而内在，实无本质区别。

吕柟（1479—1542），字大栋，又字仲木，号泾野，陕西高陵人。正德三年（1508），举南宫第六人，擢进士第一，授翰林编修。吕柟仕途坎坷，三起三落，不仅遭贬谪，亦曾下狱。历任南京吏部考功郎中、南京宗人府经历（官名）、尚宾司卿、太常寺少卿、国子监祭酒，累官至南京礼部右侍郎。六十致仕后仍讲学不辍。《明史》称其“仕三十余年，家无长物，终身未尝有惰容。时天下言学者，不归王守仁，则归湛若水，独守程、朱不变者，惟柟与罗钦顺云”。为官三十载，家中无一件像样之物。终身勤勉，不见惰容。《明儒学案》说他的讲学“几与阳明氏中分其盛，一时笃行自好之士，多出先生之门”。可见吕柟对当朝的影响。在吕柟会试时，甘泉为同考试官，并结识了吕柟。以后两人关系甚密，吕柟曾撰《明加赠资政大夫南京礼部尚书樵林湛公、配夫人梁氏神道碑文》，吕柟离世之后，甘泉曾撰《奠崔后渠吕泾野文》，与崔铣一起奠祭。《明儒学案》也讲到王阳明、湛甘泉、吕仲木三人在学术上的关系。“阳明在吏部讲学，先生与吕仲木和之。”也有学者把吕柟看成是甘泉的弟子，其实理据不足。吕柟比甘泉小十三岁，中进士晚三年。

崔铣（1478—1541），字子钟，又字仲凫，号后渠，又号洹野，谥文敏，河南安阳人。为甘泉的同科进士，即弘治十八年（1505）进士，入翰林，任编修。仕途多舛，三次被贬；曾被外放为南京吏部验封司主事，后召还北京翰林院史馆；任南京国子监祭酒时，因议“大礼”冒犯了世宗，罢职返乡；后又升任南京礼部右侍郎。著有《洹词》和《彰德府志》。时任南京礼部右侍郎时，他看到湛甘泉在参赞机务期间的行事记录后，著有《参赞事略跋》称赞甘泉。两人有学术交往，甘泉曾撰《读崔公后渠叙杨子折衷》，不同意崔铣关于杨慈湖的观点。崔铣去世后，甘泉撰写《奠崔后渠吕泾野文》，以表悼念。

张邦奇（1484—1544），字常甫，号甬川，别号兀涯，浙江鄞县人。弘治十八年（1505）进士，和湛甘泉同年进太学，属同学，又为同科。授检讨，出为湖广提学副使。嘉靖初，提学四川，迁南京国子监祭酒，以身为教，学规整肃；改南京礼部右侍郎；改掌翰林院事，做日讲官、太子宾客；改掌詹事府事，进礼部尚书；改南京吏部尚书；又改南京兵部尚书。嘉靖二十三年（1544）去世，赠太子太保，谥文定。曾撰《封太孺人陈氏行状》（湛母行状）。著作有《学庸传》《五经说》《兀涯两汉书议》等。甘泉曾著《封君洞云张先生暨太君沈夫人双寿序》，以表达对张邦奇二老的尊敬。

蒋冕（1462—1532），字敬之，一字敬所，号湘皋，广西全州人，成化二十三年（1487）进士，选庶吉士。弘治十三年（1500），任司经局校书。正德中，累官至吏部左侍郎，改掌詹事府，典诰敕，进礼部尚书，仍掌府事，正德十一年（1516）入阁为大学士，十二年（1517）加太子太傅，十四年（1519）扈帝南征还，加太子少傅兼太子太傅、户部尚书、谨身殿大学士。嘉靖三年（1524）官至内阁首辅。议“大礼”时，因反对世宗为生父立庙被夺职削官，终老于家。隆庆二年（1568）敕令复官，谥文定。著作有《湘皋集》《琼台诗话》等。撰《明封太孺人陈氏墓志铭》（湛母墓志铭）。

罗洪先（1504—1564），字达夫，号念庵，卒后赠光禄少卿，谥文庄。阳明弟子。嘉靖五年（1526），乡试中举人。嘉靖八年（1529）会试，殿试第一中状元，授修撰。嘉靖十八年（1539），出任廷官，因联名上《东宫朝贺疏》冒犯世宗皇帝而被撤职。被罢归后，终日著书讲学，著有《念庵集》《冬游记》。念庵不是甘泉的弟子，但两人过从甚密，曾作《太子少保湛文简公墓表》。

四、甘泉与传人及同道

上面是甘泉的同事，下面说说他的弟子和朋友。古有教学相长，“学然后知不足，教然后知困”其中也暗含了师徒之间的关系，严师出高徒，高徒有严师。下面就介绍几位。

唐枢（1497—1574），字惟中，号子一，归安（今湖州）人。是甘泉的四大弟子（其他三位是吕怀、何迁和洪垣）之一。嘉靖五年（1526）进士，授刑部主事。著有《木钟台集》，编有《嘉靖归安县志》《嘉靖乌程县志》《嘉靖孝丰县志》《万历湖州府志》等。唐枢有个著名的学生，名叫许孚远。

许孚远（1535—1604），字孟中，号敬庵，谥恭简，浙江德清人。曾任广东佥事，首辅张居正逐“拱党”时，谪为两淮盐运司判官。任兵部郎中，出知建昌府，任陕西提学副使、右佥都御史、福建巡抚、南京大理卿，调兵部右侍郎，旋改北部左侍郎。卒后赠南京工部尚书。许孚远一生精研理学，聚徒讲学。为学以克己为要，以反身寻究为攻。著有《论语述》、《敬和堂集》八卷、《大学述》、《中庸述》等。许孚远有两个比较著名的学生。一个是冯从吾（1556—1626），字仲好，号少墟，谥恭定，西安人。明神宗万历十七年（1589）中进士，虽官至工部尚书，但仕途曲折，命运不济，多次消籍辞官。著作有《疑思录》《辩学录》《善利图说》《订士编》《关学编》《冯少墟集》等。另一个是刘宗周（1578—1645），字起东，别号念台，门人私谥正义，清时追谥忠介。浙江山阴人，因讲学于山阴蕺山，学者称蕺山先生。明万历二十九年（1601）中进士，以行人司行人累官顺天府尹、工部侍郎。著作有《刘蕺山集》十七卷，及《刘子全书》《周易古文钞》《论语学案》《圣学宗要》等。清初大儒黄宗羲是他的传人。

邹守益（1491—1562），字谦之，号东廓，江西安福县人。正德六年（1511）参加会试，位列会元，殿试名列进士第三（探花），被授为翰林院编修。著有《东廓文集》《诗集》《学豚遗集》等。今有《东廓邹先生遗稿》传世。他继承阳明心学，但并不死守师门，他与湛若水、吕柟的交往密切。嘉靖三年（1524），因“大礼议”之故，邹守益和吕柟被下诏狱。嘉靖六年（1527），邹守益升南京主客郎中，此后三年，与吕柟、湛若水等讲学不辍。晚年向甘泉执弟子礼。

黄绾（1477—1551），字宗贤、叔贤，号久庵、石龙。浙江黄岩人。以祖荫入官，授后军都事。告病归，家居十年。以荐起南京都察院经历，升南京工部员外郎。起光禄少卿，转大理事，改少詹事兼侍讲学士，充讲官，寻升詹事，兼侍读学士。出为南京礼部右侍郎，转礼部左侍郎。后官至礼部尚书，兼翰林学士。早年宗程、朱之学，后笃信王守仁学说，自称为其“门弟子”。1509年王阳明返京，与甘泉比邻而居，这时黄绾亦在京，三人遂相与订立终身共学之盟。黄绾是阳明的弟子，阳明离世之后，抚养其子，并把女儿许配给阳明的长子王正亿。甘泉和黄绾是“共学”关系，并非师徒关系。甘泉曾在写给黄绾的信中开头便说“辱知湛某顿首拜启”，“辱知”是谦辞，很能说明他们的关系。

王畿（1498—1583），字汝中，号龙溪，浙江山阴人。嘉靖二年（1523），因试进士不第，返乡受业于王守仁。嘉靖五年（1526）会试中武，未参加廷试，嘉靖八年（1529）赴京殿试，途中闻王守仁卒，奔广信料理丧事，服心丧三年。嘉靖十三年（1534）中进士，官至南京兵部主事，曾任南京武选郎中之职，因当朝首辅夏言谗言而被罢黜。罢官讲学四十余年。修正王阳明的“四句教”。提出“四无”的主张，认为心、意、知、物只是一事，若悟得心无善无恶，则意、知、物皆无善无恶。黄宗羲认为其学说近于释老，使王守仁之学渐失其传。其著述有《王龙溪先生全集》。甘泉在《答王汝中兵曹》中称：“某再拜复夏官王汝中大人先生道盟执事”，并讨论“良知”之事。甘泉著作中亦记载有与王汝中讨论“性命”的论述。

钱德洪（1496—1574），字洪甫，号绪山，浙江余姚人。明朝嘉靖十一年（1532）进士。王阳明的弟子，与王龙溪齐名。两人曾经就王阳明“四句教”而争论，也就是著名的“天泉证道”，著作有《绪山会语》《平濠记》《王阳明先生年谱》。钱绪山父亲病故后，他请甘泉为其父作《钱心渔先生墓铭》。

聂豹（1486—1563），字文蔚，号双江，谥号贞襄，吉安永丰人。正德十二年（1517）进士，授华亭县令，升御史，历官苏州、平阳知府，擢陕西副使。嘉靖二十九年（1550）进兵部右侍郎，改左侍郎。嘉靖三十一年（1552）任兵部尚书。聂豹推崇王阳明的“致良知”，为阳明弟子。著有《困辨录》《双江集》等。和甘泉有来往，甘泉曾作《与聂双江司马》，恭祝聂豹荣升为兵部尚书。

薛侃（1486—1546），字尚谦，因曾讲学中离山，世称中离先生，潮州揭阳人。正德十二年（1517）进士。明世宗朝，授薛侃行人司行人，后薛侃丁母忧，居中离山，与士子讲学不辍。明嘉靖七年（1528）起补故官，为行人司司正。明嘉靖十年（1531）上疏言建储事，触明世宗讳，下狱廷鞫，后被削职为民，隐居讲学于中离山。嘉靖十五年（1536）远游江浙，又至罗浮，讲学于永福寺，后归里，卒于家中。终年六十一岁。薛侃的著作有《研几录》《图书质疑》等，《潮州耆旧集》收有《薛御史中离集》三卷，后人又编有《薛中离先生全书》二十卷。甘泉与薛侃有学术上的往来，其中的《答薛尚谦名侃》便是就良知心性问题展开讨论。另，陈白沙的入祀孔庙，与薛侃给神宗皇帝的上书有关。

五、甘泉与同乡

在甘泉的同乡中，除了梁储（顺德人）、张诩（南海人，一说番禺人）、林光（东莞人）、谢祐（南海人）、李孔修（顺德人）、薛侃［潮州揭阳（属广东布政使司）人］之外，还有南海的霍韬、方献夫、庞嵩等，他们都是朝廷命官，他们之间的交集甚深。

霍韬（1487—1540），字渭先，号兀崖，广东南海人。正德九年（1514）会试第一，官至南京礼部尚书。和甘泉是儿女亲家。《明史》说："韬学博才高，量褊隘，所至与人竞。帝颇心厌之，故不大用。"应该说，霍韬在为人方面是有瑕疵的，甘泉与之相处，结成亲家，亦实不易。

方献夫（1485—1544），字叔贤，谥文襄，广东南海人，原籍莆田。弘治十八年（1505）进士，与甘泉同科。曾任光禄大夫、柱国少保、太子太保、吏部尚书、武英殿大学士、内阁首辅。曾师从王阳明，与甘泉关系甚密，两人亦有书信往来。

庞嵩（1511—1587），字振卿，学者称弼唐先生，广东南海人。明嘉靖十三年（1534）举人，早年师事王阳明，曾任南京刑部员外郎，后升郎中、云南曲靖知府，后从湛甘泉游，筑室西樵山大科峰下，讲学授徒。著有《太极解图书解》《弼唐遗言》《弼唐存稿》。

六、甘泉与特殊权贵

另外，在甘泉的境遇中，还有一些特殊的权贵人物，这些人物有权势，有地位，混迹官场，精于权术，在历史上留有污名。有两个人必须提到，一个是刘瑾，另一个是严嵩，他曾和这两个人共事。

刘瑾（1451—1510），陕西兴平人，明代权臣，官至司礼监主管。司礼监是内宫官署，主要职责是替皇权监督和控制官员的施政。在明武宗时，刘瑾已是大权独擅。甘泉登第之日，也正逢刘瑾得势之时，资历甚浅的甘泉和刘瑾保持了一定的距离。在所接触的资料中，未见到他对刘瑾有冒犯，他只是在刘瑾被诛之后，才表达了对刘瑾的不满。他在给邹贤［字易斋，弘治九年（1496）进士，邹守益之父］、王阳明写墓志铭时，才表达出了这样的情绪。在刘瑾当权期间，甘泉只是个翰林庶吉士，应该说官不算大，但他亲历了朝廷中的政治斗争，他目睹了王阳明被贬谪龙场的事件，也目睹了戴铣等人因进疏而死于廷杖之下。［戴铣，明弘治九年（1496）进士，改庶吉士，授兵科给事中。正德元年（1506），刘瑾逐刘健、谢迁，激起士人共愤，戴铣等二十一人，或独自具名，或联名，上疏请求保留刘、谢二人。最后皇帝将这些人全部逮捕，各廷杖三十。戴铣死于杖下，死者不止戴铣一人。］

严嵩（1480—1567），字惟中，号勉庵、介溪、分宜等，江西分宜人。弘治十八年（1505）进士。明朝权臣，历任国子监祭酒、礼部尚书、吏部尚书、谨身殿大学士、华盖殿大学士，即拜相入阁。严嵩和甘泉属同学，同年进入太学，也是同科进士。嘉靖十年（1531），严嵩升任南京礼部尚书，甘泉作《赠大宗伯介溪严公之南都序》，亦曾作《宗伯严介溪先生像赞》，另有关的诗文也不少。这说明甘泉与严嵩的关系非同一般。据黎业明教授考究，甘泉与严嵩的交往并不是在严嵩权重位高之时才开始的，在此之前，他们的友谊已经有之。

从甘泉所交游的朋友来看，可谓是谈笑有鸿儒，往来无白丁。与他交往的人中，大多是高官贵人，其中不乏有文化精英、社会贤达和威权人物。这应该就是他的生活世界。这个世界决定了他的问题意识和行为方式。

七、结语

一个人的人格和境遇直接影响他的生活方式和人生道路。实际上，这就是“命”。简单说来，这“命”可析之为二，一是性命（“天命之谓性”的“命”），二是遇命（也被称为时命，即“穷达以时”的“命”）。性命主要靠自己的主观修养来实现；遇命则是一个人一生的遭遇，前者是可为的，后者则不可为。当然，两者时常是相互影响、纠缠在一起的。甘泉的人生经历，大致来说，比较顺畅。早年稍许不顺，十一岁时父亲去世，母子相依为命。后期则可谓圆满，登第进士，任国子监祭酒，历任三部尚书，既无弹劾，也没贬谪。在他的朋友同僚当中，有多少人被弹劾、入狱、遭贬谪、被罢归，而他则能身居高位，颐享天年。这样的命运，除了遇有贵人相助之外，与个人的处世智慧分解不开。他有很好的家庭出身，他遇到了庄昶和白沙这样的先哲；碰到章懋、杨廷和、张元祯、罗钦顺，乃至吴廷举、朱节这样的师者或伯乐；遇有像梁储、张诩、李承箕、林光、贺钦这样的同门；有像王阳明、吕柟、罗洪先、蒋冕这样的同事；有像黄绾、王畿、钱德洪、聂豹、薛侃这样的同道；有像邹守益、唐枢这样的门徒；还有像严嵩、顾鼎臣、崔铣、张邦奇这样的“同年”；有像霍韬、方献夫、庞嵩这样的同乡。当然，远不止这些。在他们当中，有的是内阁首辅，如梁储、杨廷和、方献夫、顾鼎臣、严嵩、蒋冕；有的是殿试状元，如顾鼎臣、吕柟、罗洪先；有的是学派的开创者或嫡传，如陈白沙、王阳明、吕柟；等等。他在刘瑾专权时，小心谨慎，未见冒犯；在严嵩擅权时，平静安稳，他和严嵩是同学，也是同科，两人私交不错。可以这样说，他的人生是成功的。他的成功得之于他的遇命，更与他的处世态度有关，与他的人格修养有关，与他的哲学思考有关。这才是我们思考的问题所在。所以，他的成功在于两“命”（性命和遇命）的相济，“性命”无疑起到了非常重要的作用，而甘泉的“性命”修养实际就是他的哲学，他的哲学是从他的“性命”中流淌出来的。他真正做到了“外同乎俗，内秉纯洁”。这句话的真谛也只有真正理解它的人才能知晓，也只有具备高超智慧的人才能做到。这正是甘泉的过人之处。

第三章
融治诸家　成就学品

一代宗师，一定是站在巨人的肩上，也一定是在借鉴吸收前人成果的基础上建立自己的思想体系的，甘泉就是这样。

一、学承白沙

白沙弟子众多，而且人才济济，而他让甘泉作衣钵传人，原因是多方面的。但相比较而言，甘泉比较好地继承发扬了白沙的哲学思想，而且创获颇多，故在《明儒学案》中，黄宗羲专门为他立了学案。

白沙师从吴与弼（1391—1469）。吴与弼，字子传，号康斋，抚州崇仁人，著名理学家。康斋宗奉的是程朱理学，其著名的弟子有胡居仁、娄谅、陈白沙等。白沙与胡居仁、娄谅有所不同，他虽然出自吴门，但又独立成派。他开创了有明一代的心学理论，是明代心学的开山鼻祖，弟子甘泉对其思想有所发展。黄宗羲这样说道，明代心学是始于陈白沙，而成于王阳明。白沙师徒二人所创立的心学可称为岭南心学。

虽说白沙之学是独立成派，但不能排除其师吴康斋的思想影响，康斋接受程朱理学，他读《二程遗书》，朱熹的《晦庵先生文集》《近思录》等，在人格上他看重“素位而行，不必计较，‘富贵不淫贫贱乐，男儿到此是豪雄’”。也就是依照自己的先天秉性行事，不去计较外面的得失，独立而自在，洒脱而自然，遇有富贵不荒淫，遭受贫贱照样乐。这些思想对白沙应该说是有影响的。当然，历史上对吴康斋人格的批评乃是另外一回事。

也许正是康斋追求的洒脱人格气象对白沙的影响，所以，白沙的性格乃是特立独行，豪放洒落。但是白沙却并没有很好继承康斋的学问，白沙自己曾说，他在二十七岁时跟随康斋先生学习，曾经读了不少圣贤书籍，但始终没有找到入门的路径，即使在回到自己的家乡白沙村之后，仍然在苦苦用功，废寝忘食，但还是未有所获。于是改变方法，“舍彼之繁，求吾之约，惟在静坐，久之，然后见吾此心之体，隐然呈露，常若有物。日用间种种应酬，随吾所欲，如马之御衔勒也”。也就是在个人的学问探究和人格修养上删繁就简，求之于约，这种简约的方法就是静坐涵养，这样一来，久而久之，便体会到自己“心”之良知本体的存在。实际上，涵养所要求的就是良知的自觉，由此，他认识到了人原来是有良心的，只要依照自己的良心去做事情，就能在平常的日用应酬之间，随心所欲，自由自在，如“马之御衔勒”，这“马之御衔勒”比喻的是“从心所欲而不逾矩”的自由。

我们知道，白沙之学，重在“自得”，要在“主静”，意在“自然”。所谓“自得”，就是有所获得，获得什么？获得做人的根据，获得处世的理由。孟子曾说：“君子深造之以道，欲其自得之也。自得之，则居之安；居之安，则资之深；资之深，则取之左右逢其原，故君子欲其自得之也。”君子能认真地依照“道”的原则而行事，也能依照“道”的要求而提高自己的修养。“道”是理想，“道”是信念，“道”是做人的原则和规范。人们得到了“道”，就是有理想、信念，也就有了做人的底气。这就是“自得”。

所谓“主静”，无非是坚持内心的清静，秉持自己的初心，而不受外物的干扰。“主静”是中国文化的传统，不论儒家，还是道家和佛家，皆是如此。“静”是一个人修养的基本功夫。儒家经典《大学》中讲：“知止而后有定，定而后能静，静而后能安……”能够知其所止，止于至善，意志就能坚定；意志坚定，心里就能平静。荀子也讲“虚壹而静”，就是不骄傲，不自满，一心一意，毫无杂念，待物处事就能做到客观冷静、理性公正。宋明理学的开山者周敦颐也讲“静”的意义，他提倡“无欲”，即克服不合理不道德的个人欲望，如果是这样的话，就能做到“静虚而动直”。静虚则明，动直则公，这个时候，不论是主观理念，还是客观行为，皆可以合乎理性，符合正义。他的学生程颢也讲“万物静观皆自得”，意即在静观万物当中，不仅能看到万物的自得自在，同时，也能从中反思人的“自得”存在，自由自在，洒脱自然。程颢的同胞兄弟程颐也叫自己的弟子静坐。这一传统，在程门一系中还是比较突出的，如后来的杨时，以及杨时的弟子和再传弟子罗从彦、李侗，也都是这样做的，希望人们能够在“主静”的过程当中养出端倪，端倪就是人格气象，人格是培养出来的，人不是一生下来就有健全的人格。

对于白沙的“主静”学说，甘泉首先是肯定的。他也承认“静”的修养意义，不过他同时看重“敬”的价值，如他在诠释白沙的《和杨龟山此日不再得韵》一首诗时说道：“夫先生主静，而此篇言敬者，盖先生之学，原于敬而得力于静。随动静施功，此主静之全功，无非心之敬处。世不察其源流，以禅相诋……过矣。”白沙之学是得力于“静”而源出于“敬”，即使在“主静”的过程中也有对“天理”的敬畏。人们可万万不能以“禅”的观点去看待白沙先生的“静”，那样的话，就大错而特错了。

清代人陈世泽曾专门解释白沙和禅宗两者关于“静”的思想的差别：“公之静虚，岂禅之静虚也哉？禅主寂灭，有静而无动者也。禅主了空，空虚而无实者也。若公静养端倪，是由静存而动察也；致虚立本，是由本虚而形实也。公谓为学必得所谓虚明静一者为之本。可知公之静，乃静一之静；非静寂之静，公之虚乃虚明之虚，非虚无之虚。”这里已经说得很清楚了。白沙的“静”是“静一”，禅宗的“静”是“静寂”；前者的虚是“虚明”的“虚”，后者的虚是“虚无”的“虚”。前者是“有”，是要养出个“端倪”，这“端倪”是修养，是“良知”；后者是“空”，不存在养出“端倪”的问题，禅追求的是涅槃寂静。儒家肯定现实世界的意义，是要在获得个体独立人格的基础上进一步地入世，或经世致用，或内圣外王。佛家的最终目的是“无”，本质上是出世的。

所以，甘泉在诠释白沙思想时，肯定了白沙的“主静”思想，继承了先儒的“主敬”学说，而且极力寻找并说明二者的内在统一。在笔者看来，“静”实际上是一种消极自由，是道德个体和宇宙体系的割裂，是人对自然因果链条的超越，而“敬”则反映的是一种积极自由，积极实现道德个体和宇宙体系的统一，体现意志自由的本体意义。因而“静”和“敬”的内在关系是，前者是后者的前提条件，后者是前者的内在目的，没有消极自由，也就没有积极自由，没有“静”，就很难有“敬”，“敬”则是“静”的目的。“敬”的对象是“天命”，是“大人”，是“圣人之言”。概而言之，是“天理”。对于道德上的消极自由和积极自由可以用两句话形象地说明一下：“不以物喜，不以己悲”是消极自由；“当喜则喜，当怒则怒”是积极自由。这里既有人格的独立，又有道德价值规范“当”的实现。

何谓“自然”？然者，在也；然者，是也。“自然”就是自在和自是，也就是自己的自由自在。就人而言，肯定的是人的自由，人在其本质上就是自由。白沙曾高扬人的主体存在：“天地我立，万化我出，而宇宙在我矣。”我是主体，也是本体，宇宙乃是我的宇宙，世界乃是我的世界。对此，我们暂时不要给它贴上“唯心主义”的标签，因为简单地贴上标签会影响我们对它真实意义的理解。它的意思无非是要说明，人的心决定人的世界。因此，我的心有多大，我的世界就会有多大；我的眼界也就决定了我的境界；我的心好，我的命就好，我的世界就好。所以，他看重“我”的意义。

“我”之境界是“自然”。他说：“自然之乐，乃真乐也。宇宙间复有何事。”“自然之乐”，才是真正的快乐，在宇宙中间没有比这件事情更快乐的了。所以，他要“以自然为宗”，也只有在这个“自然之乐”当中，“我”才会问宇宙间还有何事？“宇宙内更有何事？……人争个觉，才觉便我大而物小。”人是需要觉悟的，也只有在觉悟当中，才能认识“我”的价值，“我”为大，“物”是小。当然，这里的“我”是“真我”，是“良知”，是“天理”。“我大而物小”就是“先立乎其大者，则其小者不能夺也”。“大者”是“良知”，“小者”是“物”。以此看来，白沙有些“狂”，但这种“狂”是积极进取，是特立独行，也是一种有理想、有信念、有气节的表现。

由于“狂”者的气象，他的“自然”境界中就有了“洒落”的内涵。不过，他毕竟是个儒者，在他的洒落中仍有对义理的操存。“义理须到融液处，操存须到洒落处。”这里的操存就是指对自己的本真性的持守。与洒落比较而言，操存还是首要的。当然，操存也不会遗忘洒落。

“自然”也是自由。“一痕春水一条烟，化化生生各自然，七尺形躯非我有，两间寒暑任推迁。”春水也好，烟缕也好，它们的化生都是自然的，都是自在的，也都是自由的。人不必执着我之“七尺形躯”，而应该随顺自然的生生化化，此亦可以叫作“物来顺应”吧！这可不是听天由命，无所作为，而是在认识自然规律之后的一种觉悟，是人之生存方式的否定之否定。

“随处体认天理”是甘泉的发明，也是他的核心思想，就此他也曾请教过其师陈白沙，白沙予以赞同，并在给甘泉的书信中说：“日用间随处体认天理，著此一鞭，何患不得到古人佳处也。”这“古人佳处”就是白沙的“自得”和“自然”，也是甘泉所追求的人生涵养境界。

不过，在性格气质上，甘泉和白沙的差异还是比较大的。白沙豪放，甘泉平和；白沙虽是儒者，但不乏道家气象，甘泉则有“无可无不可”的儒者精神。

二、融冶诸家

甘泉有个特点，他能融诸家思想于一炉。这与他的为人有些相似，他和任何人都能处得来，他能学习别人的长处弥补自己的短处，对于他人的不足，他也会有清醒的认识。就像他师从白沙一样，他能继承白沙的思想，学习他的优良品德，但对于白沙人格中的狂放、逍遥，甚至消极、无意于仕进等方面，他则采取了保留的态度。他不像同门的李承箕干脆放弃仕进之路。他有自己的做人原则，内持纯洁，外同乎俗，他不偏执、不固执，不走极端，物来顺应，该干什么干什么。

他在继承白沙思想的同时，也能积极借鉴周敦颐、张载、程颢、程颐、李侗、朱熹、陆九渊，以及王阳明的思想，他能理性、客观地对待他们的学说，对他们的评价也比较公允。下面简单说一下宋明理学几位大家对他的影响，以及他对他们的态度。

（一）周敦颐

周敦颐（1017—1073），字茂叔，谥号元公，世称濂溪先生，宋明理学的开山者。主要著作有《太极图说》和《通书》，其著名的《爱莲说》是大家所熟悉的，其中的“予独爱莲之出淤泥而不染，濯清涟而不妖，中通外直，不蔓不枝，香远益清，亭亭净植，可远观而不可亵玩焉”说的是莲花，实际也反映他的人生追求，也是他的人格写照。文学实际就是人学；当然哲学也是人学，是关于生命的学说。甘泉借濂溪先生的《爱莲说》也说出了自己对圣人的理解，他说：“于中通得圣人之体，于外直得圣人之用，于不支蔓得圣人之真，于出淤不染得圣人之清。”这莲花所形容的乃是圣人的品格。圣人就是中通外直，不蔓不枝，出淤泥而不染。圣人就是人们的理想人格。

濂溪先生的弟子“二程”，即程颢和程颐，常常说起老师“每令寻仲尼、颜子乐处，吟风弄月而归，有吾与点也之意”。这“孔颜之乐”也是宋明理学常常探讨的话题，而在甘泉看来，这“乐”是乐“天理”，当然，这个“天理”不仅存在于“事”中，更存在于“心”里，所以“乐”就是自己的“乐”，而不是要“乐”那个“一箪食，一瓢饮，在陋巷”，孔子不是说颜回“一箪食，一瓢饮，在陋巷，人不堪其忧，回也不改其乐”？颜回是个贤者。当然，这里所讲的“乐”不仅是快乐的“乐”，更重要的是乐观的“乐”，它告诉人们，不论在什么时候在什么条件下都要有一种积极向上、乐观的态度。穷且益坚，不坠青云之志。正因为如此，在周敦颐的精神世界里不乏有自信的狂者气象，这狂者气象，就是曾点的狂，“浴乎沂，风乎舞雩，咏而归”。濂溪先生喜欢曾点，甘泉的老师白沙也喜欢曾点。作为理学的开山者，濂溪先生非常重视学问涵养，在他的人格精神涵养中，他提倡“主静”，这“主静”和“无欲”有关，无欲故静，人的欲望太多了就静不下来了。只有静下来，才能很好地反思自己，使自己清醒。不仅如此，人还要学习，真切理解圣人之言，“圣人之训，入乎耳，存乎心，蕴之为德行，行之为事业”。《易经》不是也讲“多识前言往行，以畜其德”？圣人之训是要入乎心的，即甘泉所说在读书中要“神意感发”。品德是要积累的，所谓积善成德。另者，还要把自己良好的品德贯穿在自己的实践当中。不过，甘泉也批评濂溪先生的学问，指濂溪先生将“道体”说成“诚”“神”“几”，是“裂一道而三之”。笔者认为，甘泉的批评不一定对。

（二）张载

张载（1020—1077），字子厚，门人私谥明诚夫子，理学创始者之一，当代学者李泽厚先生认为张载是理学的真正奠基人。其“横渠四句”非常有名：“为天地立心，为生民立命，为往圣继绝学，为万世开太平。”他的哲学基本命题是“太虚即气”。在历史上，有人从本体论解释这个命题，有人从宇宙论理解，当然也有人从境界观诠释。二程曾经批评张载的“清虚一大”，说他把属于“理”的东西说成是“气”，朱熹也持这样的观点。那么，甘泉是怎样看待这一问题的？当他的学生蒋信向他请教张载的“气之聚散于太虚，犹冰凝释于水”，又问白沙的“气无聚散，聚散者物也”时，他这样回答：“以一物观，何讵而不为聚散？自太虚观，何处而求聚散？”意思是，气有聚散是在物的层面上说的，气无聚散是在太虚的层面上说的，两者并不矛盾。对于张载的“清虚一大”，他是这样看待：程颢有“道亦器，器亦道”，程颐有“清兼浊，虚兼实，一兼二，大兼小”，而实际上“横渠之见也范围在内”。也就是说，张载的“清虚一大”既说的是“道”，也说的是“气”。这样的理解没有支离，也很公允。

他对张载哲学比较感兴趣的，一是张载《东铭》中的“戏言出于思”，另一是张载的“无在而无不在”。所谓“戏言”即戏谑之言，不严肃，不认真。它也是出于一个人的思想的，反映的是一个人的思想水平，言语是思想的外壳，有什么样的思想，就会有什么样的言语。所以甘泉说：“君子终日乾乾，虽无往非诚，而此尤为紧关。”人应该不断地努力，严格以诚实要求自己，这才是最要紧的。一个人说出“戏言”就是“心”不诚实的表现。他也经常听自己的老师白沙先生用张载的“无在而无不在”的话去诠释孟子修养论中的“心勿忘，勿助长”，恐怕学者把两者一分为二。“勿忘勿助”是统一的，既要认真修为，又要遵循规律。当然，他佩服张载的“深思力索”，佩服他不耻下问、追求真理的精神，他说张载“勇何可当也！皋比之撤，其几于忘己与！”是说张载“尝坐虎皮讲《易》京师，听从者甚众。一夕，二程至，与论《易》，次日语人曰：‘比见二程，深明《易》道，吾所弗及，汝辈可师之。’撤坐辍讲，与二程语道学之要，涣然自信曰：‘吾道自足，何事旁求。’于是尽弃异学，淳如也”。二程是张载的晚辈，张载是二程的表叔。张载能这样对待二程，即使在今天，也是令人敬佩的。

（三）程颢

程颢（1032—1085），字伯淳，学者称其明道先生，理学的开创人之一。从甘泉的著作来看，他对明道有比较特殊的感情，在他的著作中有大量的关于程明道的语录，他有一本《遵道录》，就是专门编辑明道程子著作的，这从一个侧面反映了他对程明道的偏爱，自然也不能排除程明道对他的影响。

程明道曾说："吾学虽有所受，'天理'二字却是自家体贴出来。"这"体贴"就是体会、体验、体认，这"体"是身体之体，含有身体力行之意。程颢的学说是从自己的身体力行、实践经验，以及对人生和宇宙的理解中得来的。虽然他受学于周濂溪，但基本的哲学理念是自己体贴出来的。直觉或实践体悟这一思维方式古已有之，但在程颢这里直接用"体贴"来概括，是很有意义的。应该说，甘泉受到了他的影响，甘泉哲学中一个基本哲学命题"随处体认天理"就与此有关。"随处体认天理"就是要把"天理"落实到"随处"，落实到"随心，随意，随身，随家，随国，随天下"，落实到"随其所寂所感时"，也就是落实在随时随地。这随时随地中呈现的是"天理"的存在。这可以说是甘泉对程明道学说的继承。当然，他们也有不同。程明道是从个别中抽象出一般，抽象出一个绝对的"天理"；而甘泉则是要把这绝对的"天理"落实到具体的生活中，在生活的随时随地去体现"天理"，他认为在任何时候任何情况下都有"理"的存在，都要走在"理"上。若要作出现代诠释，就是不论何时何地都要讲道理、讲自由、讲平等、讲公正等，因为它们都属于"理"的范畴。

程颢的《定性书》对后世影响不小，讲的主要是心性修养问题。《定性书》认为，"性"是超越的，故无内外之别。不论人的感情是激荡，还是平静，"性"都应该是"定"的，"定"是淡定，"定"是镇定。不以物喜，不以己悲，"心普万物而无心"，"情顺万物而无情"。这是在消极意义上说的。如果仅这一点，还不够全面。在积极意义上"性"应该是当喜则喜，当怒则怒。如程颢所说："圣人之喜，以物之当喜；圣人之怒，以物之当怒。"之所以要喜怒，就是因为有"当"的问题。就一个人来说，个人的涵养很重要，其中一个问题就是制怒。如何制怒？“夫人之情易发而难制者，唯怒为甚。第能于怒时遽忘其怒，而观理之是非。”在人的情绪中，怒是很难制服的，制怒就是要控制个人的情绪。近人宋教仁有：“存诚自不妄语始，定性惟治怒字难。”说的也是这个道理。甘泉的学生曾向甘泉请教制怒问题，学生问，人在愤怒时不觉得被怒气驱使，而心一觉悟，怒气即可遏制，达到心平气和。这算不算是达到“中”？甘泉回答说这应该算是达到了“中”，并解释说这里的“中”实际就是“天理”。所以“定性”实际上就是对孔子的不怨天不尤人、颜渊的不迁怒不贰过，以及《中庸》的戒慎恐惧理论的一种发展，说的就是人自身的修养。

程颢的《识仁篇》也很有名，说的是为学功夫的着力处，他说：“学者须先识仁。仁者，浑然与物同体，义、礼、智、信皆仁也。识得此理，以诚敬存之而已，不须防检，不须穷索。”功夫的着力处就是“识仁”，只要认识了“仁”的意义，并且用“诚”和“敬”的功夫把它久存起来，那就可以做到与万物浑然同体，就会心胸开阔，境界高远。如果真正做到“识仁”，也就做到了“立乎其大”，这个时候，也就不需要什么防范、检点和约束，也不需要苦心力索。这是一种自在的境界，也是一种自由的境界。所以，甘泉解释：“明道所言：‘存久自明，何待穷索？’须知所存者何事，乃有实地。首言‘识得此理，以诚敬存之’，知而存也。又言‘存久自明’，存而知也。知行交进，所知所存，皆是一物。”这是甘泉对“识仁”的基本解释，由“存久”的功夫，自然能提升做人的境界。“知”是知道，“存”是存养。既然知道了，就要把它存养起来。“诚敬”是一种真诚而认真的修养态度。也许是受程明道的影响，甘泉提出了“学莫先于立心”。“立心”和“识仁”的意思差不多，“立心”是甘泉为学功夫的着力处。“立心”就是树立本体，挺立主体；“立心”就是尽心，就是存心。

（四）程颐和朱熹

对于程颐（1033—1107，字正叔，程颢的胞弟，理学创始人之一）和朱熹（1130—1200，字元晦，又字仲晦，号晦庵，晚称晦翁，谥文，世称朱文公，理学的集大成者），甘泉也有评价。在甘泉的著作中对程颐的论述较多，对朱熹的论述相对少些，也许是甘泉心学立场的缘故，对他们二人的批评也比较多。但批评并不尖刻，完全是理性的。这一点和王阳明不同。当然，他也说过自己愿意“学濂溪、明道、伊川、横渠、延平诸子”，愿意从他们那里汲取他们的优长之处，同时也会吸取经验教训，这其中就有程颐。

整个宋明理学所继承的是儒家的思想，和传统儒学不一样的是，它吸收了佛家和道家的一些思想，宋明诸儒大都出入佛老，援佛老而入儒。应该说，他们对于问题的思考较之先儒要深入得多，虽然他们探讨的还是人生的修养问题，但他们有了比较系统的宇宙本体意识和更为清晰的终极关怀，程颐、朱熹也不例外。他们的哲学也都是从人的心性修养出发，探讨人应该怎样活在这个世界上，其中不乏对宇宙本体的追问。

就人的修养来说，首要的还是心性问题。程颐和他的弟子吕大临、苏昞等就此展开过讨论，并且讨论得比较深入。

吕大临、苏昞本是张载的弟子，关中学者，张载过世之后，他们便拜师在二程门下，并成了二程的著名弟子。他们和程颐一起讨论《中庸》里的“喜怒哀乐未发谓之中，发而皆中节谓之和”。实际上，讨论的是心性问题，这涉及宋明理学中的核心。在和弟子的论辩中，程颐阐述了自己对这一问题的基本观点：“喜怒哀乐未发谓之中”的“中”是形容人的情绪在未发时的一种状态，所以对于“中”只能从形容词的角度去理解，而不能把它看成是名词。其中的意思是，“中”是一种心理状态，它不是心性本体，不是“性”的本身，故不能说“道”是从“中”来的，《中庸》说“率性之谓道”，说明“道”是从“性”中出来的，而“中”只是一种修养状态。

人为了能很好地控制自己的情绪，要使喜怒哀乐等情绪处于“中”的状态，就需要在自己的道德意志，即实践理性中贯彻“敬”的原则。什么是“敬”？“主一之谓敬，无适之谓一。”“敬”就是一心一意、认认真真。在这里，就是要认真地全身心地做好情感情绪的控制工作。所以，程颐说“涵养须用敬，进学则在致知”。实际上，程颐不仅注重“敬”，还重视“静”的意义。“静坐，程门有此传授，伊川见人静坐，便叹其善学。”甘泉对此是有看法的，他说：“明道亦动静皆定，至伊川乃倡静坐之说，末流鲜不入禅者。”在静坐中，掌握得好的话，就是一种修养方式；掌握得不好，就会走入佛禅的境地。甘泉实际上是提醒人们一定要注意“静坐”的局限性。

在关于“中”的论述中，程颐还说过，人在喜怒哀乐未发之前是没有“思”的，就是没有思想，要是有思想的话，那就是已发了。所以，他认为人们应该存养于喜怒哀乐未发生之际，观之于喜怒哀乐已发之时。按照笔者的理解就是，人在情绪还没有发生之时，要好好存养自己的心性，如何存养？就是“用敬”；等到情绪发生之际，就要立刻想想它符不符合“天理”，而且要积极地以“理”去使自己的情感情绪得到调适，如果不用“理”去调节和化解，人就有可能陷入情绪的失控状态而不能自拔。作为一个人来说，情绪化的人生态度是不可取的。这是程颐关于心性的基本观点。

程颐曾以《易传》中“寂然不动，感而遂通”解释人的修养状态。在没有事情发生时人非常的淡定，有了事情发生即能很好地应对和处理。另外，他在其《易传序》中提出了“体用一源，显微无间”的命题，这一思想对后世影响很大。它所表达的不仅是“事物之情”，事物是有体有用的；而且表达的是“性命之理”“幽明之故”，人的心性有体有用，人的行为就应该把人的心性体现出来。

朱熹是二程四传弟子，也是理学发展的里程碑式的人物，其著述宏丰，思想深邃，对中国的历史文化影响深远。甘泉对朱熹乃是非常尊重的，他曾拜谒过朱子庙，并且撰写了庙庭文。二程有个著名的弟子叫杨时，虽祖籍陕西，但出生在福建，在河南曾跟二程学习，“程门立雪”的故事就发生在他的身上。由于他优秀好学，所以在他离开时，程颢曾目送他离去，并感叹且给予希望地说了“吾道南矣”的话。杨时后来倡道东南，形成了“道南学派”，他传道于罗从彦，罗从彦传李侗，即李延平，李延平就是朱熹的老师。南宋时的“东南三贤”：朱熹、吕祖谦、张栻，皆与“道南学派”有师承关系。这些人的思想对甘泉皆有影响，阅读甘泉的著作就能发现这一点。

在甘泉的著作中，关于延平的论述也有不少，主要讲他的默坐澄心，观喜怒哀乐未发之前气象如何。其基本意思是人在情感情绪未发生的时候，就要摒弃一切私心杂念，默默地感受“天理”的存在，如果感受到了就要去涵养它（心性）。“心性”实际就是“天理”，宋明理学有一个基本命题“性即理也”。甘泉对此评价甚高，他说：“李延平教人默坐澄心，体认天理。水以为天理切须体认，日用间随处体认天理，便合有得。”作为李延平的学生，朱熹起初向延平学习，并接受了延平这一修养方法。也许是对这一方法不适应的缘故，后来他的思想发生了变化，又回归到了程颐。这就是历史上朱熹思想发展中由“中和旧说”到“中和新说”的变化，所以，后来朱熹常说自己辜负了老师延平先生。因为他最终接受的是程颐的思想，人们也习惯把他们两人联在一起，叫作程朱一系，或程朱学派。这个学派在理论上的特点是重视理性，能“文理密察”，偏重于对概念范畴的条分缕析。

但是在程颐的思想中，总是认为人在喜怒哀乐未发生之际是“无思”的，那么“敬”算不算是“思”？如果说“敬”中有“思”的话，其学说就是有矛盾的。笔者认为，这也是后来心学家批判他的理由所在。

对于上面的问题，甘泉是这样说的，这一段话比较容易理解，故摘录如下：

> 涵养须用敬，进学在致知，如车两轮。夫车两轮同一车也，行则俱行，岂容有二？而谓有二者，非知程学者也。鄙见以为，如人行路，足目一时俱到，涵养进学，岂容有二？自一念之微，以至于事为讲习之际，涵养致知，一时俱到，乃为善学也。故程子曰：“学在知所有，养所有。”

这里再解释一下，“涵养须用敬，进学在致知”，两者如车之两轮、鸟之双翼，是程颐和朱熹的观点，说明这两者是统一的。甘泉不同意程朱的观点，更多的是强调两者是一个东西，一个车轮走，另一个车轮自然就走。怎么能是“二”呢？如果认为是二的话，就是不了解程颐的学问。人在走路的时候，眼睛和脚就是一个有机体，眼到脚到才能走好路。尽管例子举得不一定确切，但他的意思人们可以明白，就是涵养中是有学的，不仅仅是静坐就可以了；学中有涵养，离开涵养的学，就不是关于人的学问，两者是不能分开的。他强调涵养进学的同时存在，学中有知，学中有养，养是涵养。他的这一思想是对程朱学说的纠正或补充。

（五）李侗和陆九渊

李侗（1093—1163），字愿中，世称延平先生，两宋之际著名理学家。师从二程的再传弟子罗从彦（字豫章），继承其师“静坐”的修养主张，认为“学问之道不在多言，但默坐澄心，体认天理”。李侗与朱熹的父亲朱松是同门好友。朱熹跟随李侗学习就与此有关。只是朱熹并没有继承李侗的学说。

甘泉所看重的就是李侗的“默坐澄心，体认天理”。李侗要求朱熹在人的喜怒哀乐未发之前体验其气象如何，就是对于“良知”本体的追寻。在儒者那里，人们在静坐当中，不是要寻找宇宙的空寂，抛弃世俗生活的价值和意义。而是要想想哪些东西是对的，哪些东西是错的；哪些是该做的，哪些是不该做的；以及如何在贫贱忧戚、困苦艰难中，去发觉“天理良知”的价值。李侗有此功夫，也有此境界。他讲了这样一段话值得人们深思：“要见理一处却不难，只分殊处却难，又是一场锻炼也。”这句话的意思是，认识“天理良知”不难，关键是如何落实下来，在日常的生活中如何去体现“天理”和“良知”。你认为这样做是对的，别人可能认为那样做是对的；你认为这样是公平的，别人可能认为那样是公平的。这的确是“一场锻炼”。

甘泉却从另外一个角度说明“理一分殊”的辩证关系。“未知分殊，则亦未知理一也，未知理一，亦未必知分殊也，二者同体故也。”他以“敬以直内，义以方外”说明“理一分殊”，“敬”和“义”是“理一”，“直”和“方”就是“分殊”了。甘泉说得有道理，李侗说得也对。两个人的立场和角度是不一样的。

陆九渊（1139—1193），字子静，号象山，著名理学家，宋明心学的开山之祖。他的最著名的命题是，“宇宙便是吾心，吾心即是宇宙”。这里的“吾心”是人的道德心性，道德心性和宇宙没有间隔之感，说明“心性”的自由和无待，无所依傍、自由自在，依照自己的法则去行动。这宇宙就是我的“心”的“宇宙”。另外，陆九渊还有一个命题：“六经皆我注脚”。甘泉解释说，陆九渊的“我”实际是“心”，“六经皆我注脚”实际是“六经”是“心”的注脚。这样就突出“心”的本体作用，“六经”最终还是落实在说明“心”的意义上。

甘泉善于学习和吸取诸家之长，他更热衷于心学。对于具有心学思想的程颢、李侗、陆九渊的思想，只要能为他所利用的，他就积极借鉴吸收。他认为程颢的“看喜怒哀乐未发前作何气象”、李侗的“默坐澄心，体认天理”、陆九渊的“在人情事变上用工夫”讲得都有道理，但是综合起来功夫就全面了。

综上所述，他表达了自己的哲学主张：“所谓随处体认天理者，随未发已发，随动随静，盖动静皆吾心之本体，体用一原故也。若谓静未发为本体，而外已发而动以为言，恐亦岐而二之也。”“随处体认天理”是他哲学主题。修养功夫不仅在“未发”，也在“已发”，不仅在“动”，也在“静”，这就是“随处”，否则，就是“岐而二之”，割裂了“吾心之本体”的体用关系。若把“静”和“未发”看成“体”，把“动”和“已发”看成是“用”，那就不是“体用一原”了。

第四章
湛王异通　成就德品

对思想家的研究，不仅要读其书，知其人，而且要论其世。这样，才能了解他，并立体地呈现他的人品。湛甘泉和王阳明，一个是白沙的嫡传，一个阳明心学的开创者，其学术成就均已登上明代理学的双峰。再说两人情感甚笃，交往频繁，相互影响至深，故其学术品格的铸就、人格境界的形成与他们的交往不无关系。因此我们从分析其人生经历开始，进而观察其人格气象，再进而探讨其思想内涵。这人格气象和思想内涵就是他的德品。

一、不同的人生阅历

就湛甘泉说来，其家族也可算得上是当地的望族，从族谱来看，他的祖上原籍福建莆田，烈祖湛露在元朝大德年间曾在德庆路总管府里做官，致仕后便定居增城沙贝，也就是今天的新塘。他的儿子，也即甘泉的天祖湛晚丁曾任县主簿一职。甘泉的高祖父湛怀德、曾祖父湛汪，在当地也都是有相当影响力的人物。祖父湛江是一个贤者，也是一个隐者，他追求闲居田园、不求闻达的类隐士生活，也曾得到了大学士琼台丘公，即丘濬的褒许，为其作《樵林记》。在甘泉九岁时，樵林公去世。而他的父亲湛瑛则是一个做事爽直，不苟时俗，在性格上不免有些苛刻的人，后因被恶人所诬，含愤而死，父亲去世时甘泉十一岁。迫于生计，甘泉和他的母亲只能暂时侨居异乡谋生。

总体来说，甘泉早年有些坎坷，孤儿寡母生活起来也不那么容易。十四岁的时候他回家乡读书，在母亲的操持之下，生活不免艰辛，但还算是平安。自中举人（甘泉二十七岁）开始，特别是第二次科举登第（四十岁）之后，他的人生道路就比较顺畅了。这也许是受益于其家庭的影响，包括其祖上传下来的家教家风；也许是得益于对于以往生活经验的反思，包括祖辈父辈的人生经验；但主要还是得益于母亲的教育和后来的求学问道。当然，更重要的还是他自己的不懈努力。他的人生“遇命”不错，因为他遇到了不少好人，乃至贵人，这些人对他有很大帮助。

在他的人生道路上，他遇到了庄昶和陈白沙这样的先哲；碰到章懋、杨廷和、张元祯、罗钦顺，乃至吴廷举、朱节这样的师者或伯乐；遇有像梁储、张诩、李承箕、林光、贺钦这样的同门；有像王阳明、吕柟、罗洪先、蒋冕这样的同事；有像黄绾、王畿、钱德洪、聂豹、薛侃这样的同道；有像邹守益、唐枢这样的门徒；还有像严嵩、顾鼎臣、崔铣、张邦奇这样的“同年”；有像霍韬、方献夫、庞嵩这样的同乡。当然，远不止这些。在他们当中，有的是内阁首辅，如梁储、杨廷和、方献夫、顾鼎臣、严嵩、蒋冕；有的是殿试状元，如顾鼎臣、吕柟、罗洪先；有的是学派的开创者或嫡传，如陈白沙、王阳明、吕柟；等等。他在刘瑾专权时，小心谨慎，未见冒犯；在严嵩擅权时，平静安稳，他和严嵩是同学，也是同科，两人私交不错。概括起来讲，这就是湛甘泉的人生阅历，这样的人生阅历对他的影响应该是极其深刻的。

那么，王阳明的人生阅历又如何呢？还是从家族说起，王阳明的家族可以说是地地道道的名门望族。他的祖上可以追溯至晋代的光禄大夫王览，而王览的家族就是著名的琅琊王氏家族。王览的曾孙是著名的书法大家王羲之，王羲之官至右将军。王羲之后迁至山阴，也就是今天的绍兴，成了山阴的王氏始祖。王羲之的二十三世孙王寿又从达溪（属山阴）迁至后来的余姚。王寿的五世孙王纲是王阳明的天祖，此人有文武之才，明初被刘伯温推荐为兵部郎中，后死于苗难，御史郭槐曾上书皇帝，请求庙祀王寿于增城，得以应允。其子王彦达，号秘湖鱼隐，他是阳明的太祖。阳明高祖王与准，精通《礼》《易》，但是个隐士。曾祖王世杰，也因明习经学而被选拔到太学学习。祖父王天叙，号竹轩，有传曰：他虽“环堵萧然”，但“雅歌豪吟，胸次洒落”。父亲王华，字德辉，别号实庵，成化十七年（1481）状元，官拜南京吏部尚书。这就是王阳明的家世，这样一个家庭背景对王阳明的影响是非常大的。此暂不细述。

比之湛甘泉，王阳明的人生道路还是非常坎坷的，可以举几件事情说明。第一，王阳明十三岁时，母亲去世，这就使他较早地品尝到了人间的最大痛苦，他小小年纪便慨叹人之生命的有限。第二，他的科举也不顺利，到了第三次才有幸登第；科举中也不无他人的嫉妒，有人曾这样说道：“此子若取第，目中无我辈矣。”第三，他在三十五岁时，上书皇帝为言官戴铣、薄彦徽等人辩冤，触怒龙颜，不幸被下诏狱，并棍杖四十，后被贬至贵州龙场做驿丞。王阳明和戴铣等人不在一个部门共事，他们也非亲非故，没有任何关系，为什么王阳明却要冒着丢官的风险和生命危险去上书皇帝？无非是“良知”使然。反观当下官场能有几人去这样做，一般人都选择了明哲保身，或持乡愿的处事原则。不仅如此，在王阳明去龙场的途中，刘瑾还派人追杀暗害，他因此差点丢了性命。第四，应该说，王阳明在平叛宁王朱宸濠的过程中是有功的，可是他又遇到了张忠、许泰这样的奸佞之人，这两人为了个人的私利，便诬陷王阳明私通宁王，图谋不轨。理由很简单，王阳明的老师娄谅的孙女娄素珍是宁王的妃子，由此张、许断定他们之间有干系；另外，王阳明的弟子冀元亨曾论学于朱宸濠处，还是阳明派去的。虽然在严刑拷打之下冀元亨坚决否认，不过冀元亨为此也付出了生命代价；好在朱宸濠也矢口否认，在这一点上朱宸濠的表现倒值得肯定。幸好武宗皇帝还算是个明白人，没有认为阳明和宁王私通。第五，在阳明五十一岁时，他的“致良知”思想体系已经形成，学说已有相当影响，可就是有人不知出于何种目的要求禁止，内阁首辅杨廷和就“意旨倡议禁遏王学”。第六，阳明五十四岁时，礼部尚书席书力荐他入阁，不知何故，未有结果。第七，在他去世那年，即五十七岁时，他平定了思田叛乱。由于患病，曾上书皇帝“乞骸骨”，即回家安度晚年，却被太子少保兼武英殿大学士桂萼压了下来，未能如愿。这些都是王阳明的人生遭遇。

人这一生，有顺境，也有逆境。人不可能一辈子都是顺境，也不可能一辈子都是逆境。阳明虽然“遇命”坎坷，但并不是没有好人相助。他在南京时，经兵部尚书王琼特荐升任都察院左佥都御史，巡抚南、赣、汀、漳等地。当然，帮助者远不止王琼一人，他的同乡好友孙燧、胡世宁在平定宁王叛乱中都表现得刚正不阿、铁骨铮铮、一身正气，实际也是对他平叛的支持。

二、狂、狷的气象人格

不同的家庭背景，包括成长环境，以及个人的生命际遇，特别是年少之时的遭遇，对一个人影响深远。

湛甘泉和王阳明两人是知己，也是挚友，但是在人格气象上却完全不同，湛甘泉比较“狷”，而王阳明则显得“狂”。“狂者进取，狷者有所不为。”湛甘泉的“狷”与他的家庭背景和成长环境有关。湛甘泉的家族在地方上算是望族，自祖上以来皆能以儒家礼教要求子孙，做人正派，处世公道，为人正义，不苟于时。对甘泉影响比较大的是祖父和父亲。祖父的社会影响力较大，丘濬因之作《樵林记》；父亲处事过于直爽，有时不免过于刻薄，最后所造成的结果让甘泉深有体会。这些实际上都直接或间接地成了甘泉的人生经验。祖辈父辈的做人长处他会学习，在一个家庭当中，长辈的身教意义是非常大的；父辈的不足或缺点，甘泉也会反思。再说，他和母亲侨居异乡的这一段经历不能说对他没有影响，即使再好的亲戚朋友，寄人篱下的感觉总是不那么好受。笔者以为，这样的人生阅历直接影响着他的性格气质。

纵观甘泉的一生，总体上说，他显得比较“狷”，即为人谨慎小心，做事尽量周全圆融。这样，就使得他在复杂的官场斗争中，似乎总能游离于外。我们再看看明代的仕进之士，看看湛甘泉身边的熟人朋友，像王阳明、吕柟、崔铣、罗洪先等，不是下诏狱，就是被棍杖，或是遭贬谪，或是被罢归。有的是几起几落，如吕柟和崔铣；有的是送了性命，如戴铣等。这样的人很多，但他们遭遇的事情却没有落到甘泉头上。应该说，他知晓官场斗争的残酷，也懂得为官之道，他能得到同事的信任，也能博得皇帝的赏识。这样他在中了进士七年之后，便作为朝廷特使出使安南国。他在仕途上似乎没有遇到“挖坑”和“添堵”者，相反，总是能遇到贵人相助，这使他一步一步地登上权力的高位，最终历任三部尚书。

看甘泉的人生经历和为人处世，可千万不要以为甘泉是个“官混子”或“老油子”，从他的做人和交友来看，他做人是端正的，心灵是干净的，史上并未见到有关他的不好的记录。我个人认为，他讲究处世之道，也非常熟悉处世的艺术。他真正做到了外圆内方，即“外同乎俗，内秉纯洁”。他会养心，也会养生。在医药并不发达的条件下，他能活到九十五岁的高龄，不能不说是一个奇迹。人品就是学品，在学术上，他能兼容不同的学派。对程朱陆王的学说，他一概不排斥，尽量吸收其中的合理因素。他和王阳明的友谊以及学问上的相互切磋、探讨论辩都是后人学习的榜样。他的包容可不等于没有原则，他不会也没有放弃自己的学术立场，学问中的“和而不同”在他那里比较明显，他的学说也是他人格的一种体现。

湛甘泉和王阳明是同道挚友，较之甘泉，阳明就显得“狂”了，他们的性格气质不同，但他们非常合得来，主要原因是有共同的理想和信念。一般而言，以酒肉和功利为基础的朋友是不会长久的。对于狂，需要解释一下，王阳明的狂不是狂慢、狂妄和轻狂，而是勠力进取、积极有为。这个狂的积极意义就在于它能把人的自信心、能动性充分地调动起来，把人的潜力发挥到极致。

王阳明之所以狂，与其家庭背景和成长环境密不可分。王阳明的显赫家族背景以及深厚的家族文化积淀使得他有了狂的根基。他出身于贵族家庭，他有狂的理由，也有狂的底气。他不拘时俗，敢作敢为，即使母亲过早离世对他有很大打击，但也没有改变其积极乐观向上的人生态度。在任何时候、任何情况下，他都能表现出其后来提出的“乐是心之本体”的态度。“乐”是乐观，人这一辈子遭遇坎坷是必然的，问题是如何去面对。阳明的态度值得借鉴，人即使在悲观绝望的境况下，也要乐观地去面对，积极向上，充满信心，不为悲观和绝望之事“动心”。

小小年纪，继母对他不好，他就想出个“被窝藏鸟”，智斗继母并使之屈服。十二岁时，他请教老师什么是人间第一等事，老师回答说是读书登第，他不同意老师的观点，认为应该是读书做圣人，做圣人就是成就自己的理想人格。在十六岁时，他感慨时事，屡次要上书皇帝，却被父亲拦了下来。当别人感到以不登第为耻时，他则表达了另外的观点，即以不登第"动心"为耻。由此可见他的胸怀和见识。即使登第失利，他也并不在乎，至于有人说，你这次失利了，等到下一次再考取状元，他根本没把这当成一回事，他有自己的主意，该干什么干什么。

二十六岁时，边关甚急，他则苦学兵法，以果核列阵去推演，立志要成就一番大事业，此举却被一些人讥为赵括的纸上谈兵，这使得他非常恼火。难施抱负，报国无门。犹如今天所讲，没有平台，你想干、你能干，但就是干不成。然而，这些却并没有改变他的决心和信心。他在二十八岁时中了进士，二十九岁被授予刑部云南清吏司主事，这时他上书皇上《陈言边务疏》，由之看来，他确实是想干一番事业。

王阳明的狂，主要表现在他上书皇帝，救言官戴铣、薄彦徽这件事上。戴铣等二十一人曾因刘瑾驱逐刘健、谢迁等人上书皇帝。刘健、谢迁何许人也？刘健曾师从著名理学大家薛瑄，官至内阁首辅；谢迁是成化十一年（1475）的状元，官至兵部尚书兼东阁大学士，他们都是著名的贤相。戴铣等人的上书触怒了皇帝，故被逮下诏狱。而王阳明则要带头抗疏，试图救下被冤的这二十一位言官，结果不但没有救下，反招来了杀身之祸，刘瑾曾派人要干掉他，但阳明并未为之屈服。阳明的父亲虽然位高，可也没有因为儿子的事情去求情于刘瑾。这就是王阳明和他的父亲。

狂和狷是不同的人格类型，很难说哪个好，哪个不好。他们都内心干净，充满正义。狂是直接而痛快地表达自己的观点，狷则有似于季羡林说的"假话全不说，真话不全说"。狷也不失为一种处世智慧。在日常的生活中，狂的代价要大些，而狷则要小得多。王阳明一生的确辉煌，但代价也不小，也许正是这个代价成就了他的辉煌，也成就了他的学问。湛甘泉的人生则是另一番景象，这一景象也成就了他的人生和学问。

三、知行并进与知行合一

知行活动是人之为人的基本活动。知是认知、理性，而行则指的是人的实践行为和社会活动。把知行作为研究问题的起点也是符合逻辑的。

那么，甘泉是如何论述知行的？简单说来，甘泉的论述如同他做人一样，周到而全面。他在借鉴以往观点的基础上，又结合自己的思考，提出了自己对这一问题的看法：

首先，知和行是不可分离的，也是不可混淆的。他认为，学问的问题就是知和行的问题，知是学问，行是做人，做人也是学问。这两者不能分开，本来就是一回事。但也不能混淆，它们是有区别的，应该搞清两者之间的关系。至于《尚书》的“知难行易”，说得也有道理，但它是有一定语境的，对此命题不应过度地延展。《中庸》“博学之，审问之，慎思之，明辨之，笃行之”中，前四者就属于知。《论语》中有“博文约礼”，前者是知，后者是行。《孟子》有知性和养性之别。程颢还有“先识仁以诚敬存之”。这说明在逻辑上知行是有区别的，也是有先后的。至于在道德实践上要求知行的统一、知行的并进，那是另外一回事。所以，他说：“曷曰知乎？曷曰行乎？知者行之几，行者知之实。孟子曰：‘智之实，知斯二者弗去。’然而知行并进也夫。”知是行的内在动机；行是知的实在表现；两者是不能分离的，这就是“知行并进”。“知行并进”是甘泉的知行观，也是他始终坚持的，当学生向他请教“知行合一”问题时，他也是用“知行并进”解释之。他说：“其并进乎！是故离知而行，非圣人之行；离行而知，非圣人之知。”

其次，知行一混，易陷佛禅。这是他讲不能混淆知行的原因。他说：“即觉即存，便是知行并进之功。今有以常知常觉为行，殆未免见性成佛之弊。”觉悟和存养是知行关系，如果把觉悟认为是行的话，那就陷入了佛禅之窠。因为圣人之学是这样的，觉者总是觉何事，存者总是存何事。“觉”和“存”总是和“事”连在一起，而不是和“空”绑在一块。“事”是什么？就是“行”。所以，对此不可不究；否则，差之毫厘，谬以千里。在这一点上，也许能体现出他不多讲“知行合一”的原因。

再次，知行合一是圣人之事，知行并进是学者之事。“知行合一”是阳明的知行观，当有学生提出“知行合一”和“知行并进”有什么区别时，他说：“合一者，圣人也，无所用力者也。学也者，则并进而已矣。”圣人之事，是自然而为，不思而得，不勉而中，从容中道。学者之事，是努力而为，思而得，勉而中。由此看来，甘泉更强调的是学者的功夫，这功夫就是“知”和“行”的并进。他解释说：“知行并进即是功夫，到熟处便合一矣，故曰‘王忱不艰’，须自造诣到此田地，乃真见得。”“知行合一”乃是功夫熟处。

由于和王阳明的同道朋友关系，对于“知行合一”的一些主张，甘泉也能借鉴吸收。他说，对于酒色，人好之过度，就会得病，以致死亡，这些道理人人都知道，可就是有人做不到，原因是这样的知不是真知。所以知而不行，不是真知。真知则是行的开始，行是真知的扩充。“所谓知行合一，自夫致知者论之也。致知则其真知时即是行之端，其实行时即是知之充。人未见有孺子入井而不救之者，所谓合一如此。若夫众人，则知行背驰者多矣。是故知行一者，君子之为君子；知行二者，众人之为众人。此致知之功，在今日不可少有懈怠。”所以，他的“知行并进”和阳明的“知行合一”思想本质上是一致的。

由此可以看出，甘泉知行观的一些特点：他注重概念的辨析，承认知行范畴的不同，也认为在逻辑上知行有先后之别，既接受前人孔孟、程朱的知行观的合理因素，又接受王阳明“知行合一”有价值的部分。其思想宽厚而包容。不过，他强调的是“知行并进”。

与甘泉不同的是，阳明在知行观上主张“知行合一”，他申明这是立言的宗旨。这一思想，是他“居夷三载，处困养静精一”的结果，而不是来自一般的学问思辨和逻辑推演，它来自于生命的深处，故也是走入“圣域”、完成理想人格的功夫。

他的弟子徐爱，也是他的妹夫，曾向他请教“知行合一”问题。徐爱问，有的人知道孝悌观念，可就是见父不能孝，见弟不能悌，把知行看成是两件事情。这是什么原因？阳明解释说，这是自已私欲隔断的结果，这不是知行的本体。所谓知行本体，指的是知行本来的状况。知行本来的状况就是

"知行合一"。如果有人知而不行，这实际就是未知。圣贤教人，就是要人回复到"真知"状态。他举例说明什么是"真知行"。"真知行"就是《大学》中所说的"如好好色，如恶恶臭"。"见好色是知，好好色属行，只见那好色时已自好了，不是见了后又立个心去好。"恶恶臭也是一样。分析地说，"见"属于理论理性，"好"属于实践理性。可是，在阳明看来，这两个是互含互摄的，是不可分割的。对于阳明的"知行合一"，我们可做出如下解读：

首先，知行是一个整体。知不能离开行，行不能离开知。知之真切笃实处便是行，行之明觉精察处便是知。他不同意先知后行的观点，虽然他同意"知行并进"，但是，知行必须是内在统一的，是互含互摄的。所谓知之真切笃实处便是行，就是真切的知必然通过笃实的行表现出来，也就是说，人的一个态度、一个举动、一句话语，都能表现出他的知识水平、道德修养和思想觉悟。一个人的知识水平、道德修养和思想觉悟也不可能不通过他的一举一动、一言一行表现出来。所谓行之明觉精察处便是知，意即行的明觉精察就是在行的过程中对于其意义的自觉，人的言语行为时时刻刻都应该是自觉的，而不能是浑浑噩噩、稀里糊涂。"知行合一"的意义还在于，人的良知一定要通过自己的实践活动体现出来，人的实践活动所体现的就应该是他的良知。

其次，"知行合一"是一个过程，在这个过程中知行是统一的。阳明讲"知者行之始，行者知之成。圣学只一个工夫，知行不可分作两事"。人的生命存在是一个过程，人的社会实践活动也是一个过程。在这个过程中，知是开始，行是完成，但知是行的知，行是知的行。知行功夫只是一个，不能看成是两件事情。知中总是有行，行中总是有知。再说，知开始于人的想法，形成于人的实践，如其所说："夫人必有欲食之心，然后知食，欲食之心即是意，即是行之始也。食味知美恶，必待入口而后知，岂有不待入口而先知食味知美恶者邪？"对于一件事情，人总是先有想法，然后才有知识，有知识才能去实践，但是知识是在实践中形成的。如人行路，如果没有去行，怎么能知道它的艰险和崎岖？只有在走了之后，才能知道。这就是知和行的内涵。人的想法就是念，"一念发动处就是行"，这"一念"就是

“行”的开始。所以，王阳明非常重视“念”的重要意义，因为，“唯狂克念做圣，唯圣罔念做狂”。人之圣狂的区别就在于“念”，“念”实际就是“意”，什么是“意”？“心之所发便是意，意之本体便是知，意之所在便是物。”“意”是意志，是心之所发，意志的本体是良知，而物是主观见之于客观的所在，也是人们实践的一种结果。从认识过程和实践过程考察知行，说明两者的内在统一。

再次，“知行合一”最终还是要落实在人格意义上。既然是人格意义上的，就没有知和行的分离，“真知即所以为行，不行不足谓之知”。知行之体本来就是这样。如果知和行分离了，人格也就分裂了。有的人是说的一套做的一套，言行不一、表里为二，这实际是生活中的双面人，阳奉阴违，口是心非。

当然，他的“知行合一”的提出，与他的哲学主张有关，他的基本哲学命题，就是“心外无理”“心外无物”，“心”和“理”是同一的，同样“心”和“物”也是同一的，它们是没有间隔的。“理”是“心”之理，“物”是“心”之物。“意之所在便是物”体现的便是“心”的宽阔和无限。“外心以求理，此知行之所以为二也，求理于吾心，此圣门知行合一之教。”

一些人误解王阳明的“知行合一”之教是“销行以归知”。王夫之就持有这样的观点。当然，王夫之的观点不乏对王门后学的批评，在这个意义上，他的批评也是有道理的。

从甘泉和阳明的论述中可以看出他们知行观的不同：甘泉在学问的意义上区分了知先行后，提倡“知行并进”，并接受王阳明的“知行合一”；王阳明接受“知行并进”一说，但不同意“知先行后”，认为两者是有矛盾的，并强调“知行合一”的人格意义。两者的相同在于都重视“知行合一”的内在统一。

四、体天理与致良知

“随处体认天理”是甘泉最基本的哲学理念，而“致良知”则是阳明哲学的主旨。他们的相通之处何在？相异又是什么？

湛甘泉如何解释“随处体认天理”？所谓“随处”，即“吾之所谓随处云者，随心，随意，随身，随家，随国，随天下，盖随其所寂所感时耳”。“随处”之“处”包括了人的心、意、身，也包括家、国和天下；不仅有人的“所寂”，也有人的“所感”，“寂”“感”指的是人的作止语默。所谓“体认”，简单说来，就是体验、体悟。“体认”就存在于“寂”“感”。他说：“吾所谓体认者，非分已发未发，未分动静。”“体认”不是只在“已发”，也不是只在于“动”。“所谓随处体认天理者，随已发未发，随动随静，盖动静皆吾心之本体，体用一原故也。”“随处”是“随已发未发”，也是“随动随静”，“动静”皆是“心”之本体的体现。所以，“随处体认天理”，就是在不同的地方、任何状态下都要把“天理”呈现出来。

不仅如此，“随处”也有“随时”之意，因此，人们对于“天理”的“体认”，也就应贯穿于日常的生活当中，包括在读书学习、亲近师友，以及日常应酬中。

> 格者，至也，即格于文祖、“有苗来格”之“格”。物者，天理也……即道也。……格物者即造道也。知行并进，博学审问慎思明辨笃行，皆所以造道也。读书、亲师友、酬应，随时随处，皆体认天理而涵养之，无非造道之功。

“格”是“至”，“物”是“道”，“格物”就是“造道”，即对“道”的履行，“格物”也是“体认天理”。“随时随处”“体认天理”就是把“天理”融化入日常生活当中。生活不仅有“处”，在什么地方生活；而且有“时”，在什么时间里生活。“体认”本身就有涵养的意义，甘泉在这里之所以还提出“体认”并“涵养”之，只不过是要强调“涵养”的意义。所以，在对“格物”以及“格”做出诠释时，他进一步说明“体认天理”和“兼知行”“合内外”的内在统一，并批评了阳明格物之说和佛老的“正念头”，批评他们“无学问思辨行功”。他说：

仆之所以训格者，至其理也；至其理云者，体认天理也；体认天理云者，兼知行合内外言之也。天理无内外也。

格物即止至善也，圣贤非有二事。自意心身至家国天下，无非随处体认天理，体认天理，即格物也。盖自一念之微，以至事为之着，无非用力处也。阳明格物之说，以为正念头，既于后面正心之说为赘，又况如佛老之学，皆自以为正念头矣。因无学问思辨行功，随处体认之实，遂并与其所谓正者一齐错了。

甘泉这里强调“随处体认”的功夫。从“一念之微”到“事为之着”都需要用功，仅仅靠“正念头”是不够的。从学问思辨到笃行，皆是用功之处，皆是着力之处，不能马虎，不能懈怠，否则就会“一齐错了”。所以他的“体认天理”是“兼知行”“合内外”，用现代的话语诠释，就是意志自由、实践理性。“兼知行”是一种人格，即“天理”贯穿于知行当中；这“合内外”，恰恰体现了人格的统一和完整，内外统一，表里如一。

对于“随处体认天理”这一命题，甘泉不认同王阳明的批评，也不承认自己学说的“求之于外”。王阳明的批评实际也是有道理的，因为在甘泉的“体认”思想中不仅包含有实践体悟的内涵，也有理性认知的意义，这正好反映了甘泉哲学的特点。

总而言之，“体认天理”不仅是功夫，而且是境界，“廓然大公”“物来顺应”，“不假外求”，自由自在。诚如甘泉所说：“寂则廓然大公，感则物来顺应。所寂所感不同，而皆不离于吾心中正之本体。本体即实体也，天理也，至善也，物也，而谓求之外，可乎？致知云者，盖知此实体也，天理也，至善也，物也，乃吾之良知良能也，不假外求也。”这里的“致知”是“知此实体”，知此天理，也是对“吾之良知良能”的一种自觉。故此“知”属于一种形上之“良知”。

和湛甘泉不同，王阳明对于自己的哲学只用“致良知”三个字表达。它包括了他的哲学的全部，当然也包括了以前所说的“知行合一”的立言宗旨。

“良知”一词出自孟子，孟子说，不学而能是“良能”，不虑而知是“良知”。“良知”作为阳明哲学的基本范畴，它是一种道德意识，也是宇宙的本体存在。阳明的“致良知”是要求对良知有自觉把握，并推行到事物的方方面面，贯穿到人的生活当中，使事事物物皆得其理。这是他的“致良知”的基本意思。其中更突出了其哲学功夫的意义。

中国古代传统哲学重视功夫。王阳明曾讲“重功夫而不重效验”，如何“致良知”，其中就有心中做、事上磨和世间为的问题。

首先，“良知者，心之本体”。良知是心的本然状态。由于良知具有功夫和境界的意义，故阳明说“知是心之本体。心自然会知。见父自然知孝，见兄自然知悌，见孺子入井，自然知恻隐。此便是良知。不假外求”。“良知”的“不假外求”是它的本体存在，“见父自然知孝，见兄自然知悌”，不仅是功夫，也是境界。世上之所以还有不孝不悌者，原因在于本体的遮蔽和功夫的不到家。

其次，“诚是心之本体”。“诚”是儒家哲学的基本范畴，它同样具有功夫和境界的意义，而不是仅限于本体。阳明说：“‘诚’字有以工夫说者。诚是心之本体。求复其本体，便是思诚的工夫。明道说‘以诚敬存之’，亦是此意。《大学》‘欲正其心，先诚其意’。”“诚”是本体，《中庸》说：“诚者，天之道也；诚之者，人之道也。”“诚之者”就是实现“诚”。当然，“诚”是一种功夫，也是一种境界，要做一个诚实的人也不是那么容易，它需要坚持原则，需要持之以恒。讲实话有时是很难的，是要得罪人的，但也不能因之而放弃。精“诚”所至，金石为开。

再次，“定者，心之本体”。阳明重视“定”的品质。每临大事有静气，谁说今时无古贤。静气就是“定”。可是对一般人来说，遇事要做到淡定并不那么容易，有时不免手忙脚乱，不知所措。阳明从心体上诠释“定”，并赋予了其本体意义。他说：“定者，心之本体，天理也。动静，所遇之时也。”“定”是“心”的本体，“定”也是“天理”，动静不过是人的时遇。人生在世，需要定力。淡定自若，从容不迫。这是一种理想信念，也是一种人格气象。

然后，“乐是心之本体”。人需要“乐”，“乐”是一种情感志趣，也是一种人生态度。圣贤和常人不同的地方就在于对“乐”的自觉。圣贤之所以是圣贤，是因为他不会迷失在“忧苦”当中，即使遇有“大忧、大怒、大惊、大惧之事”，也是积极乐观，从容应对。当弟子问阳明：“乐是心之本体，不知遇大故，于哀哭时，此乐还在否？”他则说：“须是大哭一番了方乐，不哭便不乐矣；虽哭，此心安处是乐也；本体未尝有动。”情绪需要释放，对情绪的控制不等于不释放受压抑的情绪，但态度不能改变，人还是要回归到“乐”的状态，这叫“本体未尝有动”。即使再“苦”，也需要“乐”，“苦”中也需要寻“乐”。任何时候都应该保有一种阳光乐观的态度。

最后，“洒落为吾心之体”。人要有“良知”，需要真诚，要有定力，也要有乐观精神，不仅如此，人还需要自由洒落，这才是人的本真性存在。阳明一生可谓是纵横驰骋，洒落自在，但他灵魂纯洁，心有敬畏。他曾赋诗：“铿然舍瑟春风里，点也虽狂得我情。”他的狂不是狂妄，也不是放纵。他也常常警醒自己“无以一见自足而终止于狂也”。这一句话很重要。因为“一见”前需要功夫，“一见”后仍需要功夫，功夫不可能一劳永逸。人不应该“终止于狂”，而应该终止于圣。

对于甘泉和阳明学说的差异，我们可以引用黄宗羲的一段话予以说明：

> 先生（指湛甘泉）与阳明分主教事，阳明宗旨致良知，先生宗旨随处体认天理。学者遂以良知之学，各立门户。其间为之调人者，谓“天理即良知也，体认即致也，何异？何同？”然先生论格物，条阳明之说四不可。阳明亦言随处体认天理为求之于外，是终不可强之使合也。先生大意，谓阳明训格为正，训物为念头，格物是正念头也，苟不加学问思辨行之功，则念头之正否，未可据。夫阳明之正念头，致其知也，非学问思辨行，何以为致？此不足为阳明格物之说病。先生以为心体万物而不遗，阳明但指腔子里以为心，故有是内而非外之诮。然天地万物之理，不外于腔子里，故见心之广大。若以天地万物之理，即吾心之理，求之天地万物，以为广大，则先生仍为旧说所拘也。天理无处而心其处，心无处而寂然未发者其处，寂然不动，感即在寂之中，则体认者，亦唯体认之于寂而已。今曰随处体认，无乃体认于感？其言终觉有病也。

黄宗羲准确地指出了甘泉和阳明的观点及其区别所在，但最终还是认同王阳明的哲学。他批评甘泉："若以天地万物之理，即吾心之理，求之天地万物，以为广大，则先生仍为旧说所拘也。"并认为"体认者，亦唯体认之于寂而已"，"体认于感，其言终觉有病也"。黄宗羲的意思是"体认于感"就是体认于物，感来自于物。在笔者看来，阳明、甘泉虽皆属心学，但功夫有异。这体现在"致良知"和"体认天理"上，"致良知"是自觉，是推致，而"体认天理"又何尝不是对于"心"的自觉？"心"即"天理"。"体认天理"于事事物物中有"心"之价值的存在。何以说"体认"就是求之于外、"体认"于物之"感"？故黄宗羲的批评，不免过矣。

五、心包万物与心外无物

甘泉和阳明虽皆属于心学派别，但对问题的理解有所不同。在对于"心"的理解上，甘泉讲心包万物，阳明讲心外无物。

当弟子问甘泉做学问学什么时，他说："学乎天地与我一者也。"弟子又问：什么是"一"？他解释说："宇宙内其有二乎？二焉，息矣。知宇宙间一我与天地也，故君子法之以自强不息。是故家国天下之事，无一而非性也。"宇宙和人本来就是统一（同一）的，所以，就有"天行健，君子以自强不息"。所有的"家国天下之事"，都应该是"性"的体现，亦即做任何事情，都是出自于自己的善良之"性"的，是发自内心去做的。

在《心性图说》中他说："性者，天地万物一体者也。浑然宇宙，其气同也。心也者，体天地万物而不遗者也。性也者，心之生理也，心性非二也。譬之谷焉，具生意而未发，未发故浑然而不可见。及其发也，恻隐羞恶辞让是非萌焉，仁义礼智自此焉始分矣，故谓之四端。"

"心"和宇宙万物的关系是"无所不贯""无所不包"，"贯"和"包"皆是从不同角度论的，本质是一样的。"包与贯，实非二也。故心也者，包乎天地万物之外，而贯夫天地万物之中者也。中外非二也。天地无内外，心亦无内外，极言之耳矣。故谓内为本心，而外天地万物以为心者，小之为心也甚矣。"如果对于"心"作内外之分，那实际是把"心"看小了，从而限制"心"的自由和逍遥。

在王阳明的哲学中，作为本体论命题的不仅有“心即理也”“性即理也”，还有“心外无理”“心外无事”“心外无物”。如何理解“心外无物”？是在什么意义上讲这句话的？我们可以举一个例子予以说明。一是“先生游南镇……你来看此花时，则此花颜色一时明白起来；便知此花不在你的心外”。以前对此误解颇多，在此需要说明一下。首先，王阳明没有否认“此花”的存在，你没有看“此花”时，此花与花同处于“寂”的状态。其次，在看“此花”时，“此花”的颜色才显现在你的心中，你才知道它和它的意义。再次，“此花”不在你的心外，而在你的心中，完全是道德意义上的，犹如母亲在自己心中，或者自己在母亲心中一样。这样理解应该更符合王阳明的观点。另一个例子是，“若草木瓦石无人的良知，不可以为草木瓦石矣。岂惟草木瓦石为然，天地无人的良知，亦不可以为天地矣。盖天地万物与人原是一体，其发窍之最精处，是人心一点灵明”。前一个例子说的是人和花存在的无间隔，后一个例子说的是人和天地万物的一体，说的是人对自然的态度和人的生存境界。这就是“心外无物”。至于“心外无理”“心外无事”，讲的是“理”之源、“事”之源都在于“心”，“理”是“心”之理，“事”是“心”之事。

六、结语

比之白沙和阳明，甘泉没有其师白沙那样“万化我出，宇宙在我”的自由豪放，也不如同道阳明那样“点也虽狂得我情”的特立独行，从其思想的论述当中，我们更多地看到的是他做人的沉稳和对问题的沉思。我们也可以看看日本学者冈田武彦对甘泉的评价：“湛甘泉豪迈俊敏，虽在力量上不如使其学风靡一代的阳明，但却比阳明资格稍老。他始终以体认之学为宗，其学与王学相互出入。阳明死后，湛甘泉又保持三十余年的长寿，在纠正当时朱子学亚流之弊的同时，又致力于纠正王学亚流的猖狂之弊。”

第五章
诗礼教化　塑造人品

诗礼教化是中国的传统，它来源于六经，《诗》《书》《礼》《易》《乐》《春秋》六部经典是中国文化的最基本的经典，它不同于西方的《圣经》。西方文化的经典《圣经》确立了西方社会的宗教信仰，而六经则体现的是中国人的价值追求。只是自近代以来，中国传统文化退出主流，人们对它的价值有了误解。现在看来需要纠偏，需要重新考量中国传统文化的价值。本章的诗礼教化就是探讨诗教和礼教对人格塑造的意义。

一、诗之化育

当代学者袁行霈先生曾说："很难想象一个人的生活中缺乏诗意，记忆中缺乏历史，思辨中缺乏哲学。这就是人文学科看似无用，实则用莫大焉的独特魅力。"这一段话说的是诗、史、思在人的生活中的意义，实际也说明了人文学科在人格教育中的价值。

（一）以诗言志

《说文》释诗："诗，志也。从言，寺声。"《书·舜典》言："诗言志，歌永言。"清楚地说明了"诗"及其和"志"的关系，"志"是意志、志趣。客观说来，"志"有实践理性的含义。所谓实践理性，就是指理性的意志功能，它能指导人们的实践活动和决定人们的道德行为，其所反映的乃是人们的理想、信念和信仰，当然，其中也不乏有做人的原则和道德上的绝对命令。正是有了理想、信念和信仰，包括做人的原则和道德上的绝对命令，才有了人的道德行为以及道德行为的意义，否则，其道德行为是没有价值的。

正是因为“志”的重要意义，孟子才说：“夫志，气之帅也。”“志”决定一个人的气节，决定一个人的气质。一个人做人怎么样，就要看看他有没有志气，有没有气节。所以，这个“志”包含了做人原则、精神气节、理想信念，以及终极信仰。

这就是“诗”的实践理性含义，也是它的主要内涵。但是，“诗”的内涵可绝对不限于这些，因为诗是有情感的，诗是有意境的。如果诗没有情感，没有意境，那就不配叫作诗，也不能成为诗。因此，诗与史、思虽然有区别，诗在抒情，史是记载，思乃哲思，但它们又是相通的，诗中有史，构成史诗；诗中有理，构成所谓的哲理诗。

基于这样的理由，诗对于人之情感的表达，就不是漫无边际，随心所欲。它不是人之情绪的毫无道理、莫名其妙的宣泄，而是人之情感的自然合理的表达，当怒则怒，当喜则喜，当不喜怒则不喜怒。所以，它是不待乎外而却是发之于中的。由此而体现出诗的本质乃是自由。

诗能体现人的教养。因为诗里面有文化，有做人的道理，有处世的方法。孔子说：“不学诗，无以言。”如果不学诗的话，就不能很好地借用诗的语言表达自己的意志，所以必须要学诗。孔子这句话不仅是对士大夫的要求，也内含了对一般普通民众的期望。因为他那个时代已经是“有教无类”了。当然，这里的“诗”指的是《诗经》。对此，也可以做出一般的诠释，即诗也可以不限于《诗经》的范畴。

孔子重视诗教，所用的语言是雅言，亦即历史上的普通话。《论语·述而》有这样的记录：“子所雅言，《诗》、《书》、执礼，皆雅言也。”孔子使用普通话，我想，也许是为了普及诗的教化意义。

对于“诗”及其教化内容，《诗大序》作了这样的说明：“诗者，志之所之也。在心为志，发言为诗。情动于中而形于言，言之不足，故嗟叹之；嗟叹之不足，故永歌之；永歌之不足，不知手之舞之，足之蹈之也。情发于声，声成文谓之音。……故正得失，动天地，感鬼神，莫进于诗。先王以是经夫妇，成孝敬，厚人伦，美教化，移风俗。”概言之，“诗”是表达人的情感意志的，它的作用就在于教人明白是非、锤炼意志、陶冶情感、笃厚教化、移风易俗、健全人格。

所以，对于中国传统文化而言，其外在的超越性的信仰并不突出，人们也不太接受和相信基督教的所谓救世，故而，其诗教的意义就显得非常重要了。在这里，我们也想起西方现代哲学家海德格尔的一句名言：“人诗意地存在”。即人们通过对当下生活的领悟，去实现自己的“在”，去寻觅那诗一般的存在，这诗意的存在就是人的精神家园，它远离于那个灵魂没有着落的“无何有之乡”。

白沙诗教的意义也在于此，其弟子湛甘泉对其具有哲学内涵的哲理诗的教育意义作了认真诠释，他在《白沙子诗教解》的序中这样说道：“教也者，著作之谓也。白沙先生无著作也，其著作之意寓于诗也。是故道德之精，必于诗焉发之。天下后世得之，因是以传，是谓教。”当然，这其中不能排除甘泉自己本人的见解。但是，人们也可以从道德信仰、道德人格、实践理性和功夫境界方面对白沙的诗作出解读。在此，我们要借用甘泉的《白沙子诗教解》，一方面了解白沙诗的意义，另一方面了解甘泉对白沙诗的诠释，以及甘泉所理解的诗教的意义，进而说明诗教的当代价值。

（二）道德信仰

作为有明一代心学的开创者，白沙的诗中不乏其道德信仰和终极关怀。他在《和杨龟山此日不再得韵》中表达了他的思想：

能饥谋艺稷，冒寒思植桑。
少年负奇气，万丈磨青苍。
梦寐见古人，慨然悲流光。
吾道有宗主，千秋朱紫阳。
说敬不离口，示我入德方。
义利分两途，析之极毫芒。
圣学信匪难，要在用心臧。

善端日培养，庶免物欲戕。
道德乃膏腴，文辞故秕糠。
俯仰天地间，此身何昂藏！
胡能追轶驾，但能漱余芳。
持此木钻柔，其如磐石刚。
中夜揽衣起，沉吟独彷徨。
圣途万里余，发短心苦长。
及此岁未暮，驱车适康庄。
行远必自迩，育德贵含章。
迩来十六载，灭迹声利场。
闭门事探讨，蜕俗如驱羊。
隐几一室内，兀兀同坐忘。
哪知颠沛中，此志竟莫强。
譬如济巨川，中道夺我航。
顾兹一身小，所系乃纲常。
枢纽在方寸，操舍决存亡。
胡为谩役役，斫丧良可伤。
愿言各努力，大海终回狂！

《此日不再得》是宋儒杨时（号龟山）作给学生的一首励志诗。白沙三十九岁重游太学，一日，祭酒邢让要其和杨龟山《此日不再得》一首。白沙完成《和杨龟山此日不再得韵》，邢让看后，“大惊曰：‘龟山不如也。’遂扬言于朝，以为真儒复出”。当然，白沙所言的主要是“学圣之事”，其中有学圣的原由、学圣的方法、修养的功夫、道德的价值等。对此，湛甘泉作了认真的诠释：“以谋衣食之急比谋道之急，以引通篇。负奇气而磨青苍，欲希天也。梦古人而悲流光，恐蹉跎也。高瞻远望，古人先得我心者，朱紫阳之说敬乎！盖敬者圣人之心，法圣德莫大于敬，则入德莫要于主敬。主敬以剖义利，则圣可学可见。圣学匪难，要在心臧而已。心者敬之主宰，万善所由发端者也。能反心以养其善端，勿为戕贼，方为道德之膏腴，若文辞不过秕糠。人身参天地，不能追古人道德之轶驾，但漱文辞之秕糠，何足贵哉？今以木钻之弱质，研弥坚之道，如磐石难入，安得不愧愤交集，夜起徬徨？盖以圣途远而心思长也。则及时精进，安可缓乎？行远自迩，进学之序也。育德含章，道德之积也。”

这时的白沙，其哲学思想已经成熟，通过诗的形式把它表达出来则显得更为简练。白沙宗理学，对朱熹哲学也心存敬畏。他师从吴与弼，吴与弼“守伊川之法以迪人”。朱熹乃二程的第四代传人，中间的杨时、罗从彦、李侗皆主张静养，但朱熹哲学强调“敬”的功夫。作为明代心学的开创者，白沙并不排弃程朱理学，这也是其学不同于陆王心学之所在，不仅如此，他还能积极借鉴吸收其中的合理因素。虽然说，他没能从康斋那里取到真传，“仆才不逮人，年二十七，始发愤从吴聘君学。其于古圣贤垂训之书，无所不讲，然未知入处”。但是，他通过自己的努力形成了自己的哲学思考，“比归白沙，杜门不出……舍彼之繁，求吾之约，惟在静坐，久之，然后见吾此心之体隐然呈露，常若有物”。通过这首诗和甘泉的注释，我们也能读出以下内容：

第一，“天”是终极信仰。人不能无法无天，“天”是人的终极性依靠，人生活在这个世界上必须有个靠头。所以，对“天”的向往也就成了人的一种需要，不过，比之衣食之需，它的层次更高，乃是一种安身立命之需。甘泉的“以谋衣食之急比谋道之急”说的就是这种需要。“天”就是“理”，也可以合起来叫作“天理”。“理”在何处？理在事中，事事有理。当然，首先还是在人的“心”中，这里的“心”既是经验的，又是超越的。它能认识事物，但又不受事物的限制。由于它存在于人自身，故可以借用现代新儒学的话叫作“内在超越”。这是中国古代传统哲学的基本思想，不过在“心学”那里，这“心”体现得更加明显，陈白沙和湛甘泉的心学就是如此。

第二，“心”是本体性的存在，它和“理”是统一的；同时也是功夫主体。圣是可学的，学圣并不难，关键在于“心”。“枢纽在方寸，操舍决存亡。”“方寸”是“心”，“心”能“操则存，舍则亡”。说到底还是“心”的自觉。人和其他事物的区别在于理性，理性的一个特点是反思，对于思想的再思考。这实际就是自觉，其他事物不具备这种能力。任何人都具有这种能力，但并不是任何人都能发挥这种能力。人能“吾日三省吾身”，但不是每个人都能做到。《和杨龟山此日不再得韵》中的“哪知颠沛中，此志竟莫强。譬如济巨川，中道夺我航”，即在颠沛流离中丧失了意志，犹如在渡济巨川中迷失航向，说的就是这些。由此也就有了圣贤和凡夫的区别。人皆可以为尧舜，但这需要功夫。“敬”就是一种功夫，朱熹特别推崇它，因为它是成德之要、为圣之方。“俯仰天地间，此身何昂藏！”说的是人的一种存在的气势，“昂藏”即气宇不凡。人就应该这样活着。

第三，白沙之学重视“主静”的意义，这里又有“说敬不离口，示我入德方”。两者的关系究竟如何？甘泉说得很好：“夫先生主静而此篇言敬者，盖先生之学，原于敬而得力于静。随动静施功，此主静之全功，无非心之敬处。”“静与敬无二心，无二道，岂同寂灭哉？”所以，对于儒者的“主静”，或者“居敬”，不要把两者对立起来，两者本身就是统一的，甘泉说得很有道理。

（三）道德人格

道德人格指的是道德意义上的为人的品格和做人的原则，它和政治人格、经济人格不完全一样，道德人格更为广泛和普遍。它是对社会中每个人的基本要求，目的在于促成人际关系的和谐，以及个体人格的发展。

在《和杨龟山此日不再得韵》中就有这样一句，批评一种不健康的人格：“胡为谩役役，斫丧良可伤”，即社会上总有一些人会被一些东西欺骗、奴役，形成对人格的摧残和戕害，这实在是件令人悲哀的事情。在当今的现实生活中，也不乏有这样的例子。有些人或成了金钱的奴隶，或成了权力的奴隶。

所以，《示湛雨》一开始就讲：“有学无学，有觉无觉，千金一瓠，万金一诺。于维圣训，先难后获。天命流行，真机活泼。水到渠成，鸢飞鱼跃。万化自然，太虚何说？”这里的“有学”指的是所谓的“有学问”，即那些沉溺于记诵、辞章、训诂，留滞于见闻的所谓的“学”，其实，这些根本就不是什么学问，其本质是“无学”的。学者，觉也；学的本质是觉悟，以及觉悟到人的存在。表面看来，有些人是“有觉”的，即所谓的“有觉悟”，实际上都是假的，玩得都是嘴上的功夫，他们没有觉悟到“心”的存在，没有觉悟到“良知”的意义。“心”之“良知”关键是做人。白沙形容“本心”是“千金一瓠，万金一诺”。在中流失船的状况下，一瓠何止值千金？另外，符合于“义”的“一诺”，至少也能抵万金。孟子的“言不必信，行不必果，惟义所在”不是不重视“一诺”，而是突出“义”的价值。甘泉诠释说：“《鹖冠子》：中流失船，一瓠千金。借此引以言本心也。……《中庸》所谓天下之大本也。大本立，则有一瓠千金之重。此言一诺，则重于万金矣。如曾子唯一贯之旨是也。”甘泉是最理解这首诗的内涵的，因为这是恩师白沙写的。为学只有通过艰苦的功夫，才能有所获得，才能去认识那天理之流行，感受“其真机活泼，水到渠成，鸢飞鱼跃之妙”。一切都有理，一切也都充满自由。“将见万化皆从此出，如太虚之无言。”“万化皆从此出”体现的是“理”，犹如太虚之气的聚散、升降一般。

白沙学说“致力于不睹不闻之体”，这个“体”就是超越的“道”，“本心”和“良知”，在这里就是诗中所说的“一瓠”和“一诺”，它是道德人格确立的依据。所以，我们讲道德人格，所看重的就是“本心”和“良知”。“良知”和“本心”最基本的属性是独立和自由。独立意味着它不会为外事外物所烦扰；自由则意味着人格的确立。当然，自由本来就意味着责任。

上面提到了“静”“敬”两个范畴，虽然哲学家对这两个范畴理解不同，但我们可以从道德人格的角度对它作出诠释，因为它们都潜含有自由的因素。不同的是，“静”表现的是消极自由，而“敬”则有积极自由的意味。在现实生活中，人们需要静，需要安静、平静和冷静，在静中去想、去思，想一想生存的烦恼、义利的内涵、得失的价值，反思一下生死之命和那个终极性的存在。在静中暂时悬置一切物事和个人的情绪，把自己和这些东西割裂开来，这就是消极自由。就是人的存在的无待，不以物喜，不以己悲，他完全自主，也完全自由。与此不同，“敬”则表现得更为积极，它要实现内在的价值，故叫它积极自由。它有对象，敬畏天理，敬畏自然，敬畏生命，敬畏良知，敬不是自由本身，但同样体现自由，理学中有“主一之谓敬，无适之谓一”，所以，敬不仅是对内在的道德律令的一种坚守，也是道德人格精神的实现。

（四）实践理性

实践理性就是道德意志，它与人的行为及其动机有关，它所要求的是意志的善良和行为的合理，那意志的善良及行为的合理的标准又是什么？在理性意义上，人的动机必须是纯粹的，它不取决于外在的事物，而是从“人是目的”出发，从“仁义礼智”出发，所以，“人是目的”或“仁义礼智”就是动机本身，这动机不仅体现的是人的本然存在，而且体现的是人的应然存在，也就是说，只有从这样的动机出发，那才是人，或人就应该是那样，否则，那就不是人，或者说不够人。为此，儒家哲学重视道德上的无待命令。从孔子的“为仁由己”、孟子的“由仁义行”、《周易》的“敬以直内”，到张载的“无意为善”，所强调的就是动机的善良，他们反对“为仁由人”“行仁义”“以敬直内”“有意为善”。因为“为仁由己”的动机是善良的，而“为仁由人”已经有了私心杂念。在儒者眼里，道德的价值不在于你做了什么，而在于你做的动机是什么。动机是善良的，你的行为就是有价值的；动机不善良，你的行为就没有价值。

白沙也是如此。他在《李子高墓铭》中写道：“生不足，归于天，义不足，何有于年？”甘泉对此解释说：“言人生夭折而不足于年，则归之天命，然朝闻道夕死可矣。若义不足，则虽年长，亦有何用哉？谓寿夭不足计，惟当尽道于己也。”

白沙说得很清楚，甘泉作了发挥。不过，还需要作些补充分析，这里有个“命”的问题。在儒者看来，人需要承认“命”（天命）的存在。不过，这“命”可不是一般的宿命，而是可分析为“气命”“性命”“遇命”的“天命”。“气命”是气禀之命，人之生命，因气禀而生，亦因气禀而死，“气命”实际是一种自然的生理现象，每个人因为身体状况不同而寿命有长短。白沙的“生不足，归于天”，实际是归之于“气命”意义的“天命”。对人而言，实在没有必要为此烦恼。那么，什么是“性命”？“性命”就是“天命之谓性”的“命”，它是天所赋予的，但又通过人的修养来实现，人这一辈子“命”的好坏主要取决于自己的“性命”，取决于自己的主观修养，这其中包括了人的品性的造就、意志的锤炼、情感的陶冶、胸襟的开阔、知识的积累等。“好人有好命，坏人遭报应”，说的就是“性命”。而

“遇命”则是“穷达以时”的“时命”，指的是人一辈子的遭遇，有的人遭遇好，也就是他的“遇命”好，它不由人，决定于天。“遇命”实际说的是一种客观上的偶然。

在实践理性中主要讨论的乃是“性命”。“性命”靠的是自己，决定于自己的修养。人的生命有没有价值全靠“性命”决定，故白沙说：“义不足，何有于年？”一个人如果不讲“义”，不讲正义，不讲道义，年龄活得再大，又有什么用处？“义”者，宜也。“义”就是“性命”，就是实践理性。

所以，“义”就是人品，“义”就是人格，“义”也是道德上的无待命令，也正是这个“义”赋予了道德行为以价值。当然，这个“义”不仅是外在行为的合理，而首先是内在动机的善良。“义”不是外在的，而是内在的。

甘泉发挥了白沙的思想。如果说，白沙的“生不足，归于天”说的是“气命”，那么，甘泉更多地讲的是“性命”，他把“尽道”和“性命”联系起来，他说：“寿夭不足计，惟当尽道于己也”，“朝闻道夕死可矣！”此也使我们想起孟子的话：“莫非命也，顺受其正”，“尽其道而死者，正命也”。

人这一辈子都和“道”有关，常言“人生道路”，最基本的意思首先是“生”在“道”上，人一生下来，就会慢慢地适应社会，去接受社会原则规范的教育，从而成为一个社会人，而不是一个纯粹的自然人。这就是“生”在“道”上。其次，人还要“活”在“道”上，人的生活必须符合社会的原则规范，符合社会道德、法律的基本要求。如果没有这些规范，这个社会就是一种混乱的状态。再次，人还应该“走”在“道”上，即自觉地遵守社会道德、法律的基本规范，而不是盲目地去冒犯。因为它反映的是一个人的修养水平、一个人做人的尊严。人这一辈子必须“走”在“道”上，说人话，做人事，讲人理。最终，人总要死，但是，死也要“死”在“道”上，这就是死也要死得其所，张载曾说“存，吾顺事；殁，吾宁也”。

能“尽道”的人，总是活得真诚，活得实在，活得正直。这真诚实际就是道德命令。在白沙的诗中，这种真诚溢于言表。其中的一首《和郭主簿寄庄定山》是这样写的：

青松出乔林，遥望十里阴。
少年不结友，岁暮怀同襟。
同襟问为谁，定山携一琴。
悠然一鼓之，不辨古与今。
在昔经东江，多士予所钦。
论文一觞酒，惟我与子斟。
岂意千载下，复此闻韶音。
我病不出户，何时还盍簪？
茫茫宇宙内，与子契其深。

这首诗说的是他与庄定山的关系，记叙了两人的交往，表达了其笃厚的情谊。青松出乔林，有十里之阴，少年不结友，岁暮岂不怀同襟，同襟乃庄定山，朋友相聚，悠然自得，携琴鼓之，忘却古今。昔日东江对饮，说文论道，也只有与定山一人。而今我病不能出户，何时还可见到老朋友啊！盍簪指的是朋友。在此茫茫宇宙中，也只有他与定山最为相契。

人就是要这样活着，活出真诚，活出实在，真诚、实在就是道德的无待命令。

（五）践行功夫

不论是道德理想、道德人格，还是实践理性都需要功夫，所有这些也都要落实到功夫上。所谓功夫，就是通过一定的时间精力和方法所获得的一种本领和能力。也就是通过一定的时间的磨练、精力的付出、方法的得当而获得理想的确立、人格的锻造、意志的锤炼。反过来，功夫也能呈现人的思想境界。有什么样的功夫付出，就有什么样的境界获得。对于人来说，功夫是一辈子的事情。白沙在《容珪挽》中说："珪也何所之，终身在陶冶。"甘泉解释："陶所以成瓦器，冶所以铸铁器，比育成人材者。……独珪则一无所往，而终身在我陶冶之中也。"其中的意思是，人能成人是陶冶出来的，也是锻炼出来、苦出来、熬出来的，不是一生下来就有很高的智慧、坚强的意志、丰富的知识和高尚的情操。需要强调的是，做人的功夫不是一时半会，不是一年两年、十年八年，而是人生一辈子的事情，像容珪那样终身都在陶冶当中。用今天一句流行的话就是："作风建设永远在路上。"持之以恒，毫不松懈。功夫也是有讲究的，如"心勿忘，勿助长"，做任何事情都不能急躁，但也不能懈怠，踏踏实实、认认真真，功到自然成。

当然，在功夫中，反思乃是最基本的。白沙经常反思自己的为人处世，而且非常严苛。他说：

我从省事来，过失恒十九。
喜怒朝屡迁，言为夕多苟。
平生昧慎独，即事甘掣肘。
孔子万世师，天地共高厚。
颜渊称庶几，好学古未有。
我才虽卤莽，服膺亦云久。
胡然弗自力，万化脱枢纽。
颓颜无复少，此志还遂否？
岁月岂待人，光阴隙中走。
念此不成寐，晨星灿东牖。

甘泉解释说："此因夜坐而思己过失，如喜怒言为之愆，由其昧慎独之功，是以致此掣肘也。又思孔颜之学如此，而我以卤莽弗力，故服膺虽久，而恒失其万化之枢纽也。门枢、衣纽，皆谓此心，如孔子之一贯，颜子之博约是也。又叹其岁月之迈，不知其终能成否。是以思不能寐，自夜至晨，尚耿耿然对东牖之星也。"

一个人能这样要求自己实在不是一件容易的事情。认为自己过失很多，十件事中就有九件。特别是自己喜怒不能自持，情绪不能控制，随意发泄；在言语行为上得过且过，马马虎虎。根本就没有功夫做到"慎独"，常被外在的事物扰心。虽然向往圣学，但总是用力不够。没有觉悟，虚度年华。夜不能寐，非常惭愧。

儒家的“吾日三省吾身”“慎独”“自强不息”都反映在他的这首诗中。这是儒家的功夫，也是觉悟之后的功夫。当然，也是一种境界。杜保瑞教授曾把功夫分为：“功夫入手、功夫次第、境界功夫”。白沙这里的功夫主要是境界功夫，它体现的是做人的功夫和境界。

总之，白沙诗教留给我们的启示主要有这么几点。第一，它把哲学理论融入诗中，这样使抽象的理论更容易被理解，也更容易被接受。因为诗总是以更为直观、感性、具体的形式反映其中的道理。诗意总是情浓浓，它不像一般的哲学。哲学倾向于以范畴、理性、抽象去推演宇宙人生的道理，哲学思考总是冷冰冰的。第二，诗的表达形式总能使高远的理论接上地气。如《李元春墓铭》中所说：“有道于此，非难非易。能入谓贤，不能者耻。母疾自侍，弟扶兄醉。尧舜之道，孝弟而已。”把儒家的“道”落到日常的生活中。“道”不玄虚，就在脚下。第三，凸显了儒家哲学的特点：“广大高明不离乎日用。”高明不在天堂，而在人间。儒者的圣经是四书，在四书中没有天堂，没有彼岸，没有救世主；但有人间，有此岸，有主体的人。理想就在现实中，任何人都具有自我完善的能力。“人之初，性本善。”但需要自觉，即自觉自己的本性，人需要“尽心、知性、知天”，“性”和“天”是相通的，自我超越之路就在这里。

二、礼之养成

近代以来，“礼教”这一概念曾受到猛烈的抨击，随之也形成了不少误解。鲁迅先生把它说成是“吃人的礼教”，今天看来，还需要重新审视，需要用理性的态度去分析。笔者认为，不能把鲁迅的话看成是一种普遍的命题，它应该有其特定所指。客观说来，传统社会中的礼教在近代中国社会转型中有其滞后发展的一面，有其不足和局限。但是，人们不应该因此采取简单粗暴的态度去否定它的合理内容，更不应该漠视它所潜含的现代价值。

就一个社会而言，它本质上是需要礼教的。没有礼教，社会就缺失文明。就一个人而言，他也需要在道德规范和礼仪教化中提升自己的教养、树起自己的人格，从而使自己的生活有质量、有品位。

说起礼教，先要说礼。就礼的字形来说，是从示，从豊。“豊”是行礼之器。礼的本义是举行仪礼，祭神求福。关于礼的起源，学界有不同的观点。但不管怎样，礼和祭祀活动有关，即礼是用来祭祀天地鬼神、社稷祖先的。礼和人们的宗教活动有关，只是随着社会活动的扩展、交往方式的变化，礼的规章制度、礼仪规范、个人教养、仪容仪表的意义便逐渐发展起来。

在《周礼》中，礼分五类：吉礼、凶礼、军礼、宾礼和嘉礼。吉礼是祭祀典礼；凶礼是丧礼；军礼是指和军事有关的礼仪规范；宾礼是诸侯对王朝的觐见和诸侯间的聘问以及会盟时的礼节；嘉礼内容较多，主要有饮食、婚冠、宾射、飨燕、贺庆等。实际上讲的都是规范，这些社会规范的确立，对社会的管理起到了积极的作用。

五礼的内容和形式不是我们所要研究的内容，因为“礼”毕竟属于“小学”范畴，如同“乐、射、御、书、数”一样，对一般人来说，懂得“礼”的规矩就可以了。

我们这里所要讨论的是礼的形上意义，说明它在人格塑造、气质变化中的作用。所以，我们重点关注礼容和礼貌，关注人的言谈举止和人的精神面貌，关注健全人格的养成以及精神境界的提升。就甘泉有关礼教的思想来说，虽说是从“小学”开始，但最后的落脚点还是“大学”，即成就人格这一点上。

对一个人的教育，需要从小抓起，从日常小事做起，甚至是从洒扫、应对、进退这些事做起，学会去做这些事虽属“小学”之列，但对之不能忽视，因为它恰恰是教育的入手处。而现在教育恰恰忽视了这个方面，即片面注重所谓的“起跑线”，说“不应输在起跑线上”，孩子尚小时，就将其送到奥英班、奥数班去学习，而不注重孩子品德的养成，不注重孩子人格的提升。像这样培养孩子，实际上是走偏了，结果将是很危险的。时下的道德滑坡就与这样的教育有关系。

那么，湛甘泉是如何教育弟子和子孙的？不妨在此先看一下他的几段家训，了解他是如何教育族人和子孙的。甘泉说：

闻吾五房祖有盟：凡吾子孙，起创前屋，不许盖楼屋压后屋，以存手足相顾之义，有犯者，众攻之。沙滘有某人起楼压族人，致人命矣，戒之。

大意是，我们的五房祖先有这样的约定：凡是自己的子孙，在族人屋前盖房，不能高过人家的屋子，以便照顾兄弟手足之情。如果有人冒犯了，大家就要批评责难，并要其改正。沙滘村就有这样的事情发生，最终导致人命案件。你们可一定要引以为戒。甘泉这里讲的是日常生活中的事情，从这件事情中可以看出他对子孙的要求：做人做事不要只想自己，更不要自私自利；不要漠视他人的利益，一定要顾全大局。要讲道理，讲规矩，不然就会产生恶劣后果。再看下一段：

吾今学树木之义而酌同异之中。凡吾考，凡吾祖，凡吾曾祖、高祖之所置之田之地之塘之屋铺，皆勿以分析可也，尚同也；凡吾子之所置，听各自收为己业可也，尚异也。至于吾子所置之业，亦勿以分子之子可也，尚同也；凡子之子之所置，听各自收为己业可也，贵异也。则礼法人情各得其宜，而天理备矣。百尔子孙，其深敬听之守之。

这一段虽然说的是同异概念，实际讲的是亲情和天理。由树木之义讲到族人的分合、异同，具体说的是财产的分割。他认为，树木生长，有枝有干，大家应该思考其中的道理。对于我们的父辈、祖辈、曾祖辈、高祖辈所置的田业、家业，都不要分掉，这是崇尚家族的同一。对于后辈子孙们自己的财产应该归为已有，这是对家族子孙自己财产的尊重。对于孩子们自己的财产，在他们的孩子分家时也不要轻易分割，这是崇尚同一。对于其子孙们的财产也应予以尊重，这是尊重差异。这样，礼法人情就都照顾到了，天理也充分地呈现出来。所有的子孙都应该认真听从、严格遵守他的告诫。可以说，这样的教育入情入理，情理交融，犹如阳光雨露一般，滋润无声，化育万物。再看看下面一段，说的是家规，他说：

凡父母在，兄弟不得各爨。每晨与兄弟同造父母之所，问夜寝安否，食能美否。父母问诸子过失否，过失安在，各前跪对。诸妇女相率造姑之所，问夜寝食安否，亦如之，姑问妇之过失，亦如之。子之子若孙之成人者，其问安否，亦如之。退各事其事，明日亦如之。

父母在世的时候，兄弟们不要另起炉灶。每天早晨起床要去父母房间请安，问一下晚上休息得如何、吃得怎样。父母也要问孩子们昨天有什么过错，有的话，就要知道错在哪儿。家中妇人们也要到婆婆那里请安，问候休息得如何、吃饭怎样，婆婆也需问问她们是否存有过错，又错在哪儿。子孙后代也都应该如此。然后就各干各的事情去。所有这些都应该天天如此。当然，“各前跪对”这样的礼规今天就不必了，但对大人的尊敬、关心、爱护，以及对自己过错的反思却是一点都不能懈怠的。

甘泉这里所讲的内容，在以后的《弟子规》书中也都有概括。说实在的，这里讲的事实上都是“礼”，讲的都是“礼”的规范和“礼”的原则。我们知道“礼”的最大特点就是它的践行性，所以说，“礼也者，履也”。“礼”就是踏踏实实地走在人应该走的道路上，即应该去自觉地遵守社会的原则规范。

儒家有“知崇礼卑”一说，它的基本意思是，“知”是高远的，“礼”是平实的。也就是说，对一个人而言，既要有仰望星空的理想，又要有脚踏实地、勤于践行的能力。所以甘泉给学生说：“智崇礼卑，其不可二之矣”，“崇法天，卑法地，天地其可以二乎？是故知行异名而并进，达于天德。知圆而行方，知远而行近”。“知”和“礼”就像天和地一样不能分开，也像知和行一样不能分开，天地是互相依存的，知和行两者是并进的，作出区分只是概念上的要求，是理性思维的结果。事实上，两者是统一的。知行并进，人们就有可能达到“天德”的境界，所谓“天德”就是超越人存在的狭小境域，而获得无限的空间，这实际是一种胸怀和境界。“知”是圆满、圆融，“行”是方正、有原则。“知”在远方，“行”在脚下。

“行”是行“礼”，“礼”的意义在规范行为，人的一举一动都应该有“礼”的根据。由此就可以“无邪行”，再进一步就可以“无邪心”了。他说：

礼也者，履也。乐也者，乐也。礼以履之，使民无邪行；乐以乐之，使民无邪心。无邪行则风俗可得而正也，无邪心故祥瑞可得而格也。后世礼既坏，则民无所履，故手足莫措；乐既崩，则民无所乐，故怨咨日生。

“礼”和“乐”是紧密相连的，《论语》曾说，“人而不仁，如礼何？”“人而不仁，如乐何？”“礼”是履；“乐（yuè）”是乐（lè）。“礼”是行为的规制，“乐”是心情的愉悦，是意志情感的自觉和自愿。“礼”可以正风俗，“乐（yuè）”可以得祥瑞。如果礼崩乐坏，那百姓可就手足无措、是非不清、价值混乱、怨咨滋生了。

当然，讲礼也不能空谈。礼的教育需要关注人的生存状况，关注百姓的生活。如果漠视人的生存状况而一味地进行礼的说教，人们是不会相信的。“贫者困则衣食不足，衣食不足则礼义不兴。”这样的思想实际也符合现代人本主义心理学的需要层次理论。人首先要满足最基本的需要，然后才会有其他高层次的需要。最基本的需要就是自然需要。当然，这并不是说生活状况差就可以不讲道德，条件差就可以胡来，这是两回事。颜渊不是在“一箪食，一瓢饮，在陋巷”的情况下，还坚守自己的做人原则，坚持自己的理想追求？这是“君子固穷”。颜渊是圣贤，他能做到，一般的人可就不一定能做到。

对一个社会来说，社会风气的改善、精神文明的提升需要有一定的物质基础。但是，一定的物质基础只是社会文明的一个必要条件，而不是充分条件。有了一定的物质基础，也未必就会有社会文明。社会的文明更需要人们的努力，需要人们接受文明的教育，也需要人们对礼的自觉。这就是社会发展的辩证法。

要进行礼的教育，需要注意两点：一是人的自觉，二是礼的教养。

先说人的自觉。自觉是中华文化的一个特点，这是它和西方文化的不同所在。中华文化非常重视人的自觉，即自觉人的心性。笔者以为，西方文化讲觉他，他是谁，他是上帝。上帝是超越者，是绝对的存在，人们需要信仰并理解上帝，由此而建立起宗教的道德。但在中华文化里，佛家讲佛，佛就是心，佛在心中，佛是智者，也是觉者。道家讲道，道不离人，庄子有“道行之而成”，“道”体现在人身上就是“真人”。儒家讲“仁义礼智”，“仁”为其首，也是其总。说的都是人，儒家把“仁义礼智”看成是人的本性，这在《中庸》、孟子那里非常明显。既然“仁义礼智”是人性，那么“礼”也不例外，所以，它不仅仅是外在的原则规范，而且是人自己本来的存在。这个本来的存在就是“辞让之心”，故孟子说：“辞让之心，礼之端也。”“辞让之心”是“礼”的开端，“礼”是从辞让开始的，没有辞让就不会有“礼”。孟子哲学的意义就是他把“仁义礼智”看成是人的本真性的存在，如果一个人不讲“仁义礼智”，那就不是一个真正的人了。

在现实生活中，确实有人不讲“仁”，也不讲“礼”，原因是耳目被外在的物欲给蒙蔽住了，不知道什么是对的，什么是错的，什么是仁，什么是义，结果私心膨胀，贪欲横流，执迷不悟。对此，孟子提出了“尽心”的理论，“尽其心，则知其性，知其性，则知其天矣”。也提出“求放心”的主张，要人们去反思自己的存在，去想一想自己的良心，也许就可以知道什么是对的，什么是错的，什么是应该做的，什么是不应该做的。这样人就不会随风飘荡、随波逐流，跟着感觉走。有了这样的理性认知，也就是认识了自己的“性”，从而也就认识了“天”。“性”是人的本来存在，“天”在道德意义上就是道德规范、道德律令和终极关怀。自己能做到尊老爱幼、济贫扶弱、关爱同人，就是知道了“天”。“求放心”是对自己丢失掉了的良心的寻找，这是形象的说法，实际就是对自我的反思和认知，就是对道德良知的追寻。

儒家自觉的思想是一贯的，孔子对弟子的教育就非常重视这一点，他讲了不少道德上的无待命令。最基本就是“为仁由己”，此外还有“三达德”“三忘”“三不亦”“三省吾身”“三畏”“益者三友”“损者三友”“益者三乐”“损者三乐”“君子有三戒”，甚至“九思”等。

所有这些在后世儒者那里得到继承和发扬，甘泉也不例外。甘泉讲的是心学，“心”是宇宙的本体，不仅“包万物”，“心”包含了万物的存在，万物都在人的心中；而且“贯万物”，“心”也贯穿在万物的存在中。一个人的“心”包括了万物的存在，他的“心”是多么的宽阔，他的境界是多么的高尚！光有理想不行，还要落实在行动上，这就是“心贯万物”，“心”贯穿在人的每一件事情中，贯穿在人的一言一行中。这就是甘泉的意思，也是一个真正的儒者的心本论。

孟子讲“辞让之心，礼之端也”，甘泉接着孟子讲：“辞让之心，礼之根也”，辞让之心不仅是礼的发端，也是礼的根本。“无辞让之心，非人也。”如果没有这种自觉意识，就不是一个健全的人，这问题是够严重的。甘泉还以“仁义礼智”喻一座城的城门，“辞让之心之端，礼之门也”。城门四个，仁义礼智，礼是其一。“门成即城成”，甘泉虽然在此说的是行政管理之类，实际也有道德的内涵，中国古代的政治重视的是德治，注重人的自觉以及道德的教化。“礼其发圣人之蕴乎！不学仪礼，无以得圣人之用；不观于仪礼，无以识圣人之心。”“礼”体现的是圣人的意愿，不学仪礼就不能知道圣人的意图，不观仪礼就不能知道圣人的思想。

人的自觉很重要，礼的教养同样重要。教是教育，养是养成。教育需要从“小学”开始，养成需要落实到“少成若天性”，习惯成自然。“小学”在做事，“大学”在成德。德性是积累出来的，即所谓积善成德。荀子说：“积善成德，而神明自得，圣心备焉。”德实际就是很高的智慧。毛泽东也讲过，一个人做一点好事并不难，难的是一辈子做好事。做一点好事是就事论事，一辈子做好事就是一个人的品行了。教育的最终目的是成人，即成就人的健全的人格。当然，“大学”和“小学”也是辩证统一的，不能片面理解。甘泉说：

> 小学者，大学之本，而作圣之基也。故易曰：“蒙以养正，圣功也。”是以古之君子重之，而圣王务焉。夫大学者，大人之学也，即经之所谓格物、致知、诚意、正心、修身、齐家、治国、平天下是也。皆大人之事也。小学者，小子之学也，即朱子序文所谓洒扫应对进退之节，事亲敬长、隆师亲友之道，礼、乐、射、御、书、数之文是也。皆小子之职也。此小子可以服行而习之者也。

儒家“四书”中的《大学》论述的是“大人之学”；“大人之学”所需

要做的是，格物、致知、诚意、正心、修身、齐家、治国、平天下。而“小学”讲的是“小子之学”，即教育弟子、晚辈学习如何去做事。“小学”是“大学”的基础，也是“大学”的功夫。“蒙以养正”就是要求对童蒙施以正确的教育方法，以便成就他们的人格。“小学”就包括了洒扫、应对、进退之礼，事亲、敬长、隆师、亲友之道，以及礼、乐、射、御、书、数等方面的内容。这些都是做人需要的基本礼节和能力。

甘泉在继承前人的基础上，辑成《古小学》一书，其中“有蒙养、有胎教之道，有接子、见子之礼，有辅养太子之法，其余应对进退、事亲敬长、隆师亲友、礼乐射御书数诸篇，则通乎天子元子、众子之事，皆得以教习于王宫之小学者”。在施行诸礼以及学习的过程中，还需要有“敬天之诚”，还需要太师、太保、太傅的“道之教诲，傅之德义，保其身体”，需要严格要求，严格训练，认真学习，持之以恒，坚持不懈。最终结果是“少成若天性，性成诸天”。甘泉这里是为皇帝进疏的，说的是王宫子弟的教育。实际上是一个带有普遍性的课题，对任何人而言，都应该先受到“小学”的教育，然后再通过“大学”的功夫去成就一个良好品质。这就是“礼”的养成，养成是成性，表现出来就像天生的一样浑然天成，自然而然。

总之，“礼”的意义在于立人，立人就是成为一个文明的社会人。反之，“不学礼，无以立”。不学礼，就不能在社会中立足，也不能成为一个对社会有用的人。

第六章
涵养功夫　做人规范

儒家哲学是功夫的形而上学，所谓功夫，就是人们通过花费一定的时间和精力，并运用一定的方法而获得一种能力，或达到一种境界。与追求理想人格的境界相比，功夫才是首要的和基本的。儒家一直重视功夫，朱熹曾说，一部《论语》，从首篇的《学而》到最后一篇的《尧曰》都是做功夫的。王阳明也重功夫而不重效验。甘泉哲学也是如此。

一、功夫著力

功夫是做人的功夫，做人的学问是人生当中最难的一门学问，这门学问不仅是一般知识的获得，更重要的是人的世界观、人生观和价值观的树立和形成，而且，这“三观”的形成在人年轻的时候最为重要，特别是在他二十岁之前。一个人的理性信念、价值追求就是在这个时候初步定型的，它决定着一个人的生活道路、发展前途，甚至职业性质。也许有人会问：古人不是说“十年树木，百年树人”吗？做人是一辈子的事情，难道后来的人生就不重要了吗？这是两个问题，实际并不矛盾，后面的人生也很重要，但前面的更为重要。所以，教育还是要从娃娃抓起。

宋代哲学家程颢曾说：“凡人才学便须知著力处，既学便须知得力处。”对于程颢的“著力处”，我理解为功夫的入手处，而“得力处”则是其功夫的关键。

中国古代有一些开蒙书籍，如《弟子规》《百家姓》《三字经》《千字文》《幼学琼林》之类，这些书除了让孩子学习一些知识，认识基本的汉字之外，更多的是灌输一些做人的道理，给孩子讲一些基本的做人规范。如《弟子规》中的“父母呼，应勿缓；父母命，行勿懒。父母教，须敬听；父母责，须顺承”，这些都是最基本的行为规范。当然，父母也必须要承担起教育的责任，即父母要有教育的能力和水平。“父母责，须顺承”，需要重新做出解释：父母的教育观点并非全都是对的，对于错误的，如何“顺承”呢？笔者的诠释是，对于父母不正确的观点，可以给父母指出来，通过摆事实、讲道理，说服父母，这实际也是一种“顺承”，而且是一种理性的“顺承”，“顺承”的内容首先应该是“理”，而不是其他。还有“长呼人，即代叫；人不在，己即到。称尊长，勿呼名；对尊长，勿见能”等，这些都是入门的功夫，是做人的基本规矩，也是功夫的著力处。

甘泉说：“初学用功，茫然无著力处，只且于言动间存习。步趋要从容，言语要和缓，步步言言要与心相应，一一使由中出，存习之久，自然成片段。”意思是学生刚学习的时候，茫然不知如何用功。在这个时候，就需要在言语和行为上向老师学习，而且要坚持写，即“存习”。走路要从容一些，语言要和缓一些，言行应该与思想相统一，自己的言语行为都是由自己的“心”出发的，体现的是自己的思想动机，这样一来，时间长了，即“存习之久”，就会慢慢形成习惯，即“习惯成自然”。

在西樵大科书院时甘泉订立了大科书院的训规，其中就有：“诸生中各有带亲戚、宗族、子弟随学，可令读古小学，习小学之事，明洒扫、应对、进退之节，事亲、敬长、隆师、亲友之道，及六艺之文。且如习洒扫之事，每人更番（注：轮流、替换意）早扫堂上，务令于此等事存习立诚，以为讲学基本。”学习要从“小学”开始，学“小学”之学，习“小学”之事。“小学”的基本内容是“六艺”：即礼（规定上下尊卑等级的道德规范）、乐（祭祀鬼神、祖先的音乐、舞蹈）、射（射箭）、御（驾车）、书（语言文字）、数（算术和天文历法等）。“小学”之事就是，洒扫、应对、进退之事，事亲、敬长、隆师、亲友之礼，当然，乐、射、御等也属于“事”之列。所以，实际上“小学”之事是比较多的。

对一个人来说，你要懂得如何去做事，事有大有小，有难有易，婚丧嫁娶是“事”，洒扫应对也是“事”。学生在学的时候首先应该从一些小的事情做起，从当下的事情做起，从日常的事情做起。洒扫应对就是日常的小事，本来是一件很容易的事情，可就是有人学不会，甚至一辈子也学不会，学不会的原因不是这件事情有多复杂，而是在做这件事情时不用心。这就使我们想起程颢的一句话：“某写字时甚敬，非是要字好，只此是学。”程颢的意思是，“敬”很重要，它体现的是一个人的生活态度。而“字好”只是一件事情，只有态度好了，才能谈得上是真正的“学”。

日常生活中洒扫应对是小事，但对待它们的态度却非常重要，前者是做事，后者是做人，人不仅要学会做事，更重要的是要学会做人。这些甘泉都注意到了。以习字为例，“初学习字，便学运笔以调习此心；习文便要澄思以蕴藉此心。久之，文字与心混合，内外皆妙”。“习字”的目的是“调习此心”，“习文”的目的是“蕴藉此心”，“调习此心”也好，“蕴藉此心”也好，实际都是修养心性，真诚做人。从一个人的“习字”和“习文”中，不仅能看出他的工作态度，更重要的是能看得出他的为人，这就是字如其人，文如其人。如果“习字”和“习文”都能做到与心性统一，这就是“内外皆妙”。当然，在现实生活中也有另外一种情况，那就是字和人的不统一，文和人的不统一，字可能很好，或者文可能很好，但就是做人不怎么样。这样的情况就是不真诚。

也许有人会问做事和做人有什么不同？简单言之，评价一件事情，说“这件事情不道德”，那是就事论事，说的是个别；而如果要评价一个人，说“这个人不道德”，这就不是就事论事，而是在评价一个人的品质了，其评价的层次已经是从个别走向一般，由现象走向本质。这就是做事和做人的区别。这说明，在教育方面，不仅要把事情做好，更重要的是要把人做好。教育的根本目的是育人。

因此，教育应该从做事开始，做事是最基本的功夫。如果一个人连事都做不好，谈何做人？这是教育的基本规律，也是一种教育方法。

甘泉重视“事”的意义，他说：“君子之学也，犹之锻金也，不炉不锤则金不精。事也者，学之炉锤也，不历事则仁不熟。不熟，仁之弃也。夫仁也者，贵熟之。”这是“事”（做事）在“学”中的意义，“事”的意义在于能锤炼人的意志，陶冶人的情操，深化人对生活的理解，人们如果能在“事”上有所收获，实际就是“学”，就是觉悟。事实上，锻也好，炉也好，锤也好，都是很艰苦的，正是在这样一种磨砺当中“仁”才慢慢地“熟”起来。所谓“熟”，就是人格的树立、思想的成熟、意志的坚定。古人曾有“德胜仁熟”一说，意即品德树立起来，也就是“仁熟”了。“德胜仁熟”是在经过一番艰苦功夫之后的一个结果，这其中甚至包含了像“苦其心志，劳其筋骨”这样的功夫。

故学习是一件比较苦的事情，要想在事业上取得成就，不吃苦是不行的。自古以来中华人民就提倡刻苦学习，不刻苦就不会取得好的成绩。现在有人使劲地鼓吹快乐学习，对此笔者持不同意见。要想取得成绩，首先要静下来，去下苦功夫，即使再聪明的人也需要下一番笨功夫，这方面的例子不胜枚举。人不能好高骛远，必须脚踏实地。在此，可借用程颢哲学中所包含的“全提和半提”理论，说明一下功夫的意义。程颢的《识仁篇》非常有名，其中有：“学者须先识仁。仁者，浑然与物同体，义、礼、智、信皆仁也。识得此理，以诚敬存之而已，不须防检，不须穷索。”后来一些人特别喜欢“同体”理论，但只提“仁者，浑然与物同体”或只提“不须防检，不须穷索”，实际上这是片面的，所以学者称其为“半提”。而只有加上“义、礼、智、信皆仁也”，加上“识得此理，以诚敬存之而已”那才是全面的，故叫作“全提”。事实上，后面所加“义、礼、智、信皆仁也”和“识得此理，以诚敬存之而已”才更为重要，“仁”不是空洞无物，它包含了义、礼、智、信；“不须防检，不须穷索”不是不去做功夫，不是不防范、检束私欲和习心，也不是不去认识天理。而是恰恰相反，它要克己去欲，需要诚敬天理，只是不要拘泥于防检和穷索，而把注意力放到体认“天理”上。这些都是实实在在的功夫，做功夫本身也是有讲究的。故理解经典不能片面，更不能走偏。不论是程颢，还是甘泉，都非常重视功夫的作用。甘泉说：“明道所言：‘存久自明，何待穷索？’须知所存者何事，乃有实地。首言‘识得此意，以诚敬存之’，知而存也。又言‘存久自明’，存而知也。”

对于学习者来说，“立志”是必须的。朱熹曾经说过：“书不记，熟读可记。义不精，细思可精。惟有志不立，直是无著力处。”立志才能著力，不立志，就没有著力处。故甘泉强调“立志”的意义，他说：“诸生为学，必先立志。如作室者，先固其基址乃可。志者，志于道也。立之是敬。匹夫不可夺志，不可夺乃是志，若其可夺，岂可谓之志？自始至终，皆是此一字。”学习很重要，立志更重要，有志者，事竟成，无志者，事竟空。

立志之后，就能“煎销习心”，所谓“煎销”，就是燃烧而熔化，“习心”是习然之心，就是没有经过理性批判过的思想，这样的“心”是被遮蔽的，甚至是被污染的，因之需要去垢，去垢之后，“本心”呈现。这就是“煎销习心”。甘泉说：“诸生为学患心不定，只是煎销习心三层五层。如煎销金银，一番煎销，愈见一番精明，煎销尽者为大贤之心。习心即人心，心只是元一个好心，其不好者习耳。习尽则元来本体广大高明，何尝有缺？何所沾惹？内外合一。”这说明人要有自觉的道德意识，要去掉不好的心理习惯，反省道德理性的价值。

所以，甘泉的学生曾经这样论述老师的学问：“先生之教，惟立志、煎销习心、体认天理之三言者，最为切要，然亦只是一事。”甘泉对此做了肯定，并说此三者“只是一事。天理是一大头脑，千圣千贤共此头脑，终日终身只是此一大事，更无别事。立志者，志乎此而已，体认是功夫以求得乎此者，煎销习心以去其害此者。心只是一个好心，本来天理完完全全，不待外求，顾人立志与否耳。孔子十五志于学，即志乎此也。此志一立，三十、四十、五十、六十、七十，直至不逾矩，皆是此志变化贯通，只是一志。志如草木之根，具生意也；体认天理，如培灌此根；煎销习心，如去草以护此根，贯通只是一事”。讲得非常清楚，无需解释。

当然，读书学习也很重要。人不仅要读书，也要善于读书，学会读书，认真思考，始终保持一种比较清醒的问题意识。他说：“诸生读书，须先虚心，如在上古未有传注之前。不可先泥成说，以为心蔽。若有所得，及有未通，却取古人训释详之，其所得自别。”读书学习，最忌讳的是人云亦云，没有独立意识，不敢怀疑前说。所以，虚心很重要，虚心就是不泥成说，善除心蔽。当然，人们在思考问题的过程中，如果遇到不通之处，就要看看经典著作，看看它们是如何解释的，这样问题就可以解决。这就是“学”和“思”的结合。否则就是“学而不思则罔，思而不学则殆”。通过学习、思考和实践去提高自己的学问和修养。

二、功夫得力

黄宗羲在《明儒学案》中说：“大凡学有宗旨，是其人之得力处。”甘泉学说的宗旨是“随处体认天理”，故其为学功夫的得力处也在这里。

“天理”范畴古已有之，早见于《礼记·乐记》，只是在宋明理学那里已经把它看成是最基本的范畴，程颢曾讲：“吾学虽有所受，‘天理’二字是自家体贴出来。”“天理”二字不是程颢的发明，但是他体会出来的“天理”却有了新的内涵，它的意义在于综合了“仁”“道”“天”“命”“性”“理”等内容。

甘泉提出“随处体认天理”的哲学命题，曾得到其师陈白沙的赞赏，白沙曾说：“日用间随处体认天理，着此一鞭，何患不到古人佳处也。”他的意思很明白，在日常生活当中，只要做到时时处处去自觉、践行天理的律令，就不愁达不到圣人的境界。甘泉继承白沙学说，白沙讲：“天地我立，万化我出，而宇宙在我。”“我”是顶天立地，“我”乃堂堂正正，“我”不是别的，“我”就是“心”。甘泉讲“心包万物”“心贯万物”，基本意思一样，但有差别。白沙豪放大气，甘泉稳健平实。

甘泉的“随处体认天理”与程颢的“体贴天理”有什么不同？就字面意思看无有差别，分析起来就不一样了。程颢的“体贴天理”说的是“天理”的发现；而甘泉的“随处体认天理”则突出了对“天理”的认知和践行。程颢的“体贴天理”和其“仁者，浑然与物同体”紧密相连，境界意义非常明显；而甘泉的“随处体认天理”与“心”无所不包、无所不贯内在相通，强调的是人的主体性，内涵着他“知行并进”的知行观。甘泉对程颢在思想上有承传性。

人们可能会说，“随处体认天理”并无深奥道理。这一点不错，真理总是朴素、易简的，古人不会把简单的道理说得让大家都不明白。但这其中的道理需要人们去领会，去体验。甘泉叫他的学生去“用功”体认天理，即“用功须随处体认天理，即《大学》所谓格物，程子所谓至其理。将意、心、身、家、国、天下通作一段工夫，无有远近彼此，终日终身，只是体认这天理二字”。“体认天理”就是“格物”，就是“至理”，就是把“意、心、身、家、国、天下”中的事情都作为功夫看待，作为“体认天理”的功夫实践。他说：“吾之所谓随处云者，随心、随意、随身、随家、随国、随天下、随其所寂所感时耳，一耳。寂则廓然大公，感则物来顺应，所寂所感不同，而皆不离于吾心中正之本体。”就是在“意、心、身、家、国、天下”的活动中，在寂感过程中，能“体认天理”，客观冷静、理性公正，以“廓然大公”的胸怀，“物来顺应”的态度去对待生活。

实际上，“随处体认天理”不仅是一个理论命题，更是一个道德律令，要实行起来的确不是一件容易的事情，如果真能成为一种自觉的道德律令，则说明道德主体的修养已经达到很高的水平，因为要时时处处做到体认天理是比较困难的，不妨以制怒为例予以说明。

近人宋教仁有副著名的对联：“存诚自不妄语始，定性惟治怒字难。”说的是制怒不是一件容易做到的事情。

孔子曾说：“不怨天，不尤人。”意思很明了，不要抱怨天，也不要埋怨人，要控制好自已的情绪。他还提到一个人要做到“克伐怨欲不行也”不是一件容易的事。通俗地说，“克”是逞能，“伐”是吹牛，“怨”是抱怨，“欲”是贪欲。一个人在平时的生活中能做到不逞能，不吹牛，不抱怨，无贪欲，就非常了不起。在笔者看来，这虽不能说是仁人，但也应该算是贤人。在现实生活中人不可能没有情感，也不可能没有情绪，一个人的修养水平高低关键在于对自已情绪的控制。能很好控制自已情绪的人，肯定修养好；不能控制自已情绪的人，肯定修养不好。古人讲的“不以物喜，不以已悲”，就是这个道理。

颜渊是孔子弟子当中最贤的一个，虽不幸短命，但他因思想品德高尚、言语行为端正被后人奉为学习的楷模。人们不仅要寻找“孔颜乐处”，也要学习颜渊的“不迁怒，不贰过”，学习颜渊的“非礼勿视，非礼勿听，非礼勿言，非礼勿动”。“不迁怒”实际含有制怒的意思，“非礼勿言”就是在言语当中能体现礼的要求。人即使在有情绪的时候，也能体现礼的要求，其中就包括了对情绪的控制。

著名理学家程颢作的《定性书》，说的是如何“定性”的问题，其中就涉及怒的问题。“性”是主体，也是本体，它“无将迎，无内外”，既没有你来我往，也没有外物的拖累，它是自由自在、潇洒自如的。“定性”实际就是“定心”，反映的是“心”的定力，这“心”之定力所表现的就是客观冷静，坚守立场，不改信念，处事不急不躁，不愠不火。“心普万物而无心”，“情顺万事而无情”。“无心”是无私心，无私怨；“无情”是无私欲，无私情。不论是碰到什么事情，还是遇到什么风险，甚至面临死亡的时候，都能做到不动于情，不为情绪所左右，且能“物来顺应”“廓然大公”。“物来顺应”就是理性对待，事情该怎么办就怎么办。“廓然大公”则是一种胸怀或境界。对“怒”的情绪，程颢作了这样的诠释：“夫人之情易发而难制者，唯怒为甚。第能于怒时遂忘其怒，而观理之是非，亦可见外诱之不足恶，而于道亦思过半矣。”“怒”是一种容易发生而难以控制的情绪，如果人在怒时能忘其怒，并由“理”而自觉“事”之是非，也基本上可以说是对“道”有所觉悟了。

道理容易讲明白，实践起来可不容易。一般人在怒的时候，往往是情绪失控，即使平时修养很好的人，也会犯这样的错误。正因为如此，才有了做人的修养功夫，不然的话，人人就都成为圣人了。

所以，甘泉特别重视功夫，他说：“圣贤之学只在性情上理会，故孔子不怨天、不尤人，颜子不迁怒、不贰过，其要只在平时时时存心体认，遇有怒即知，不发得暴。程子之言，不过使初学如此体验耳。若学之初，岂可到这时节才忘怒观理耶？患制怒不能者，只是心不存，体认之功疏耳。”圣贤之学关键在性情上用功，对于“不怨天、不尤人”“不迁怒、不贰过”，需要平时存心体认，经常理解，时刻体会。这样才会在遇到怒时，明白事理，使怒不发。人不会一下子就做到忘怒观理。如果有人还担心不能制怒，那是因为没有好好保养自己的心性，以及没有在体认上下功夫。

甘泉认为，颜渊是古之大贤，他之所以能做到“非礼勿视听言动，不迁怒贰过，是有志也”。颜渊有志气，有决心，所以他能做到安贫乐道。所以就应该学习颜子（颜渊），有了志气，就不会被怨气、怒气、习气所左右。制怒实际是一种精神。

制怒就属于“随处体认天理”一事，因为随时随地都可能有怒，都需要体认天理。当然，“随处体认天理”是一个普遍的命题。所以说：“随处体认天理，即孔子求仁，造次颠沛必于是；曾子所谓仁以为己任，死而后已者也；孔子称颜子之好学曰‘不迁怒、不贰过’；都在心性上用功。”

由此可见“随处体认天理”的意义。正是这一命题让甘泉得到了白沙的赏识，也许甘泉就是因此而成为白沙思想的衣钵传人。也正是因此确立了他在中国思想史上的地位，因而有了甘泉学派。

三、功夫次第

寻得功夫的著力处和得力处，也要懂得为学的功夫次第，先做什么，后做什么，在各个环节如何去做。甘泉自觉继承《大学》的功夫路径而展开论述。他说：

> 诸生用功须随处体认天理，即《大学》所谓格物，程子所谓至其理。将意、心、身、家、国、天下通作一段工夫，无有远近彼此，终日终身，只是体认这天理二字。

他的功夫路径以格物致知、诚意正心、修身齐家治国平天下而展开，从形式来看与《大学》无异，但由于在论述的过程中贯穿了“随处体认天理”这一核心内容，故显示出和其他思想家的区别。

何谓“格物”？朱熹讲“格物”就是“至理”。王阳明不同意朱熹的哲学思路，认为朱熹是“析心理为二”，王阳明的“格物”就是“正心”。甘泉哲学不同于朱熹，也不同于王阳明，他肯定朱熹的“穷理”思想，也肯定二程的“涵养”（“涵养须用敬”）主张，对王阳明的“正心”也保留了自己的意见。他写信给王阳明说：我“以为人心与天地万物为体，心体物而不遗，认得心体广大，则物不能外矣。故格物非在外也，格之致之之心又非在外也，于物若以为心意之著见，恐不免有外物之病，幸更思之”。甘泉哲学的基本观点是“心包万物”和“心贯万物”，“心”不外“物”。所以才说“心体广大”“物不能外”。他的“格物非在外也”，格致之“心”也非在外。他批评王阳明的“于物若以为心意之著见”，即“意之所在便是物”，就是“有外物之病”。可见，两人功夫路径不同。

甘泉的“格物”实际是“修身”，也是“造道”。何谓“格物”？他说“修身而已矣”。什么是“造道”？“格物者即造道也。知行并造，博学、审问、慎思、明辨、笃行皆所以造道也。”他还说：“吾儒学要有用，自综理家务，至于兵农、钱谷、水利、马政之类，无一不是性分内事，皆有至理，处处皆是格物工夫。以此涵养成就，他日用世，凿凿可行。”

“诚意”是在“格物致知”之后，知至而后意诚，可见意诚是建立在认知基础上。甘泉说：“圣人之学通在于格物矣。故曰：‘有总括之义焉。’凡意之事，则诚意之类举之矣。凡心之事，则正心之类举之矣。凡身之事，则修身之类举之矣。凡家之事，则齐家之类举之矣。凡国之事，则治国之类举之矣。”“格物”是总括，也是基础，其他的都是建立在它的基础上。意是意志、意念，意也有意欲、意气、私意等含义。这里的意诚主要是在道德意志上说的，意诚实际是对意欲、意气的克服和扬弃。

意诚就是培养好的品德，树立健康人格，为此需要从事亲做起，甘泉说：“诸生居山日久，须要归省，以致孝养之诚，即此是学。”孟子曾说：“亲亲，仁也；敬长，义也。”实际说的也是“诚”。所以，做到“诚”、实现“诚”就是“学”，“诚”是做人老实，做事踏实，在家是如此，在国家的政治生活中更应如此。“夫君臣不同，则诚意不孚；诚意不孚，则上下不交，而德业不成，是故古之帝王重焉。”君臣之间，需要诚意，不讲诚信，上下难交，不仅德业不成，更难成就事业。没有诚实和信用，什么事情都干不成。

和“诚意”有关的是“正心”。在上一节中提到的“不怨天，不尤人”“不迁怒，不贰过”，说的就是“正心”。所谓“正心”实际就是坚持客观理性，保持天理良知。天理良知是道德理性，虽然它是一种实践意志，但它不能离开理性判断，离开理性的实践意志一定是盲目的。《中庸》中讲“喜怒哀乐未发谓之中”，“中”就是“天理”，也是理性。顺便说一下，只有是理性的，才是客观的，感觉、情绪永远是主观的。人们所讲的“不以物喜，不以己悲”以及“当喜则喜，当怒则怒”讲的就是理性，实际也是“天理”。

接下来是“修身”。“修身”是在“诚意”“正心”基础上进行的，是前面成果的凝结。正是有了“诚意”和“正心”，才会有“修身”。“修身”乃是“格物”的重心，所以，甘泉讲：“大学之书，其要在修身。”《大学》中也讲：“自天子以至于庶人，壹是皆以修身为本，其本乱而末治者，否矣。”任何人都应该以修身为根本，这个根本树不起来，其他事情也都干不好。那么，“修身”和“诚意”“正心”到底有什么区别？甘泉说：“故《大学》于诚意，曰‘好恶’，曰‘慎独’；于正心，曰‘忿懥’，曰‘忧患’，曰‘恐惧’，曰‘好乐’；于修齐，曰‘辟’，曰‘好恶’。”所有这些，大都讲的是情感和情绪，似乎难区分“诚意”“正心”和“修身”的不同。仔细分析，“诚意”主要讲道德意志，即人必须诚实。“正心”突出人的理性思考和修养，“修身”则是在“诚意”和“正心”基础上的道德实践。甘泉说：

> 圣人修道以成天之能，君子修身以复己之命。
>
> 修身故能身体天理不违，是之谓物格。
>
> 明格物于修身，而知行兼至，无博索强闻之支也，而学问思辨笃行之皆切于身矣，涵养寡欲之皆身矣，身修而知本矣，知本而知至矣。

“修身”就是恢复自己的使命，即“天命”，进而弘扬人的主体性。“天命之谓性，率性之谓道。”只有“修身”，方可做到不违背“天理”。“修身”就是“知行兼至”“知行并进”，这样，就不存在学问支离，不会只有“博索强闻”，而没有道德实践。“修身”就是集“博学、审问、慎思、明辨、笃行”于一身，就是理想人格的确立、道德律令的履行。

“修身”之后是“齐家”。“齐家”是人之主体性的进一步弘扬，主要体现在“孝弟慈”上。他说：“于齐治，曰‘孝弟慈’。”“读齐家之事，则感其家之理……理也者，吾之良知也；学之者，所以觉其良知也，知也。”“齐家”首先在孝、悌、慈，主要处理父子、兄弟、长幼之间的关系。对长辈孝，对兄弟悌，对晚辈慈。所有这些都是应该做的，都是“理”，“理”就是“良知”，学者之“知”就是对“良知”的自觉。他还说：“《大学》明德亲民，皆德性分内，同是一事。只从齐家以往便是亲民，不待出仕也。故孔子言：‘施于有政，是亦为政。’一家上自父母、兄弟、妻子，固当谕之于道，至于童仆亦同此性分，安可不教？诸生或在家，或随带来山童仆，亦须每教之以立心勤谨忠厚，不至放逸陷于过恶。一家仁意，岂不更大快乐？”在齐治的意义上，明德和亲民是统一的，不管出仕做官如何，先要做好孝、悌、慈，这是为政的根本，尽到自己的责任，教育好子女，使大家都懂得“道”，知道“理”，勤谨忠厚，相互挂念，就是最大的快乐，也是最大的幸福。

在“治国”方面，甘泉作了《圣学格物通》，分有六格：诚意格、正心格、修身格、齐家格、治国格、平天下格。治国格中包括有事君使臣、立教兴化、事长慈幼、使众临民、正朝廷、正百官、正万民。平天下格有公好恶、用人、理财等，涉及内容广泛，不仅有内圣追求，也有王道理想。

在儒家那里，《大学》的功夫路径是最基本的，由格物致知、诚意正心，到修身齐家治国平天下。不同的哲学家对它的理解不尽相同，上面是甘泉的诠释，表现的是他的功夫思想。此外，孟子的“尽心知性知天”“存心养性事天”、《中庸》中的“博学之，审问之，慎思之，明辨之，笃行之”以及《易传》中的“穷理尽性以至于命”讲的也都是功夫，甘泉也作了相应的诠释。

四、境界功夫

人总是有觉悟和不觉悟之分、自觉和不自觉之别。觉悟之前的功夫，可以叫作境界的前功夫，它表现为行之而不著，习之而不察，日用而不知，即不知其“道”，不了解世界的本体，没有自觉生活的意义。觉悟后或觉悟过程中的功夫就是行之著，习之察，日用知，即知其“道”，知晓宇宙的规律和道德的律令并能自觉践行，在践行的过程中体验人生的意义。所以，境界功夫就是在觉悟意义上去讲功夫的。

功夫和境界本是不能分开的，没有境界的追求，就不会有功夫的自觉。没有功夫的自觉，也就不会有对境界的追求。在践行功夫过程中，不同的人会存在差异，有功夫浅的，也有功夫深的，有功夫到家的，也有功夫不到家的。但不管怎样，态度认真和努力是首要的，就像程颢所说：“某写字时甚敬，非是要字好，只此是学。”

儒家哲学中，包括宋明理学，所讲的本体和西方哲学的本体不太一样。西方哲学的本体总是独立于人，高高在上；而儒家哲学包括宋明理学所说的本体总是和人的存在紧密相联，所谓“性即理也”“心即理也”。“性”和“理”联系在一起，“心”和“理”联系在一起，还有“心包万物”“心贯万物”，“心”包摄了万物的存在，“心”贯穿在万物当中。这样，“心”“性”活动的展开就是对本体的追寻，也是功夫的实践，同时也是人生意义的呈现。本体、功夫、境界三者本是同一的，也是一体的，是一个事物的不同侧面。

儒家的重心在功夫。如朱熹说的整个一部《论语》都是讲做功夫的，王阳明重功夫不重效验。循着孔子的路径——“十有五而志于学，三十而立，四十而不惑，五十而知天命，六十而耳顺，七十而从心所欲不逾矩”，人生既是一个漫长的过程，又是一个短促的瞬间。说其漫长，是人要在这个过程中去“为仁由己”，去“造次必于是，颠沛必于是”，“不怨天，不尤人”，“不迁怒，不贰过”。在人生的道路上总会遭受非笑、欺慢、毁誉、生死等各种各样的问题和困难，而这些都是与己有关的，也许都是在“玉汝于成”吧！如此走来，必然漫长。但却又非常短促，因为在宇宙的时空中，个体的存在只不过是一瞬，稍纵即逝，一晃而去，还没有来得及反思生存的意义，没有等到觉悟，人就已经进入老境，临近死亡。这就是“命”。

对人而言，需要自觉“命”的意义。孔子曾说“五十而知天命”，也讲“不知命，无以为君子也”。“命”是客观存在的，能正确认识“命”者与不能正确认识“命”者，其生活的意义是不一样的，孔子重视对“命”的自觉。孟子也在承认“命”的前提下要求人们“顺受其正”。自觉接受“命”的安排，而不是去违背“命”的要求。他说：“莫非命也，顺受其正；是故知命者不立乎岩墙之下。尽其道而死者，正命也。桎梏死者，非正命也。”人这一辈子就应该尽道、行道，甚至去殉道。什么是尽道？具体内容很多，一下子也说不完。《易传》所说的“天行健，君子以自强不息”“地势坤，君子以厚德载物”，实际就是尽道、行道。

在甘泉这里“命”实际就是“随处体认天理”，就是“勿忘勿助”。这是“天命”、使命，也是境界功夫。

“心勿忘，勿助长”最早由孟子提出，他说“我善养浩然之气”，那么什么是“浩然之气”？他解释说：“难言也，其为气也，至大至刚，以直养而无害，则塞于天地之间。其为气也，配义与道；无是，馁也。是集义所生者，非义袭而取之也。行有不慊于心，则馁矣。我故曰，告子未尝知义，以其外之也。必有事焉，而勿正，心勿忘，勿助长也。”

“浩然之气”实际就是一种人格气象，它“配义与道”，是正义和理想的体现，故也是一种崇高的精神境界，这精神由“集义”即“积善”而来，而非“义袭”即偶然得到。这里的“积善”功夫是由“事”做起。所谓“必有事焉，而勿正，心勿忘，勿助长也”，“正”一般作“止”解释，所以它的意思就是，对于属于“义”的事情（道德实践），必须要认真地去做，不能随意就停了下来，既不要忘记，也不要“助长”。

朱熹对“心勿忘，勿助长”的解释是，“必有事”乃是“有所事也”，“正”即“预期”，“我善养浩然之气”，“必以集义为事，而勿预期其效”，“当勿忘其所有事，而不可作为以助其长，乃集义养气之节度也”。他的意思是，“浩然之气”的养成，也就是人格精神的树立，是有规律的，需要踏踏实实去做，可不必有什么预期目的，只问耕耘，不问收获，不要懈怠，也不要急躁。笔者认为，这就是做人的规矩，也是做人的真诚。

应该说，朱子的解释也有新意。那么，甘泉又是如何看待“心勿忘，勿助长”的？综其所述，主要有以下几点：

第一，“勿忘勿助”中有“敬”。他把“勿忘勿助”和“敬”联系起来。他说："勿忘勿助，只是说一个敬字。忘、助皆非心之本体，此是心学最精密处，不容一毫人力。""勿忘勿助"是真诚的表现，"不容一毫人力"，也就是不允许有任何外在的目的。

那么，什么是"敬"？二程曾说"主一之谓敬""无适之谓一"。朱熹说"敬者主一无适之谓"。基本意思是一心一意、全心全意、诚心诚意。

甘泉继承了二程和朱熹的思想，即认为敬是"主一"和"无适"，故当弟子问："尝深思之，所谓无适之谓一者，其所谓勿助勿忘之间者乎！既勿助又勿忘，则无所著矣，无所著则一矣。未知是否？""勿忘勿助"就是意识对于外物的无所执着，而持守精神的专一？甘泉给予回答："难得见此"，并要"如是涵养"。

这说明"勿忘勿助"是一种涵养，需要去认真地养成。

当然，甘泉认为"敬"确实不好说，"敬岂易言哉？揣摩想象者非敬也，执滞太过者非敬也。揣摩想象者谓之茫昧，执滞太过者谓之守枯，斯二者皆不能以入道也。必有事焉而勿正，心勿忘，勿助长也，斯可也。以是深造，这便是修己以敬，谓之君子"。"敬"虽不好说，但可以从否定方面理解之，"敬"非揣摩想象，也非执滞太过，"敬"是勿忘勿助长。

"勿忘勿助"是功夫，它存在于生活的方方面面，也就是说，这人格精神的培养需要在方方面面用力。他说："勿忘勿助之功，终食、造次、颠沛皆然。"不论是顺境，还是逆境，都有一个人格的养成问题。

第二，"勿忘勿助"中有"忠信"。"勿忘勿助"不仅有否定的意义，也有肯定的意义，这肯定的意义就是"忠信"。他说：

何谓忠信？中心之谓忠，实心之谓信。人之心不实，由其不中。心若中时，何有不实？何以为中，既勿忘又勿助，勿忘勿助之间，心便中正，是谓之忠。心若中时，何有不实？是谓之信。时时念念如此，是谓之主。人能忠信则内重，内重则外便威，内便固。然此个忠信，实心实德，人人固不为尧存，不为桀亡，但人自蔽失耳。

"勿忘勿助"中有"中"，"心"之"中正"就是"忠"，"心"之

“中时”就是“实”。所以“心”不仅有“虚”，即所谓“虚心”，也有“实”，即所谓“实心”，“心”之辩证所在就是“虚实同体”。《天关精舍语录》中有一段话：

> 洋（指门人潘洋）尝觉得勿忘勿助亦难入手，才用功时，忽涉于助；才放下时，又涉于忘；才要勿忘勿助时，又只似想象摸捉个勿忘勿助的格局。有时勿忘勿助虚实同体时，便觉心平气和、高明广大的意思跃然自见，莫是调习久后则自熟否？先生曰：此个机括是自然的机括，其或忘或助，倒东倒西，只是机括尚生耳，熟后便见自然，此须假之岁月，一年、三年、五年、十年才到熟，未为晚也。此事袭取强为不得。

“机括”只是比喻，说明要掌握“勿忘勿助”既不容易，又是关键，它需要功夫，需要认真掌握好“虚实同体”的辩证关系。

第三，勿忘勿助是“自然”。“自然”是陈湛心学的一个基本范畴，白沙提倡“以自然为宗”，甘泉承之，故有诗云：

> 客来问自然，本体已见前；本体何面目？见之亦至难。至难有至易，忘助两无间；两在故不测，而乃疑于天。

这里说明了“自然”和“勿忘勿助”的关系。他继续解释说：“道以自然为至，知其自然，动不以我，斯无事矣。故学在知止，不在求静。故予体认天理，必以勿忘勿助、自然为至。”这说明了他的“自然”和道家“自然”的区别，它不仅“求静”，而且有“敬”。即“必有事勿正，勿忘勿助，便是主一，便无丝毫人力，便是自然”。这里的“自然”不是道家的逍遥无为，而是对社会责任的担当，在此“自然”的功夫境界中，有儒家的“浩然之气”和人格精神。他说：

> 盖勿忘勿助之间，只是中正处也。学者下手，须要理会自然工夫，

不须疑其为圣人熟后事，而姑为他求。

“自然”是功夫的下手处，这“勿忘勿助”的“自然”中有“中正”，也有“敬”，有对“天理”的敬畏。所以，“勿忘勿助”和“随处体认天理”是统一的。

在“勿忘勿助”中也有“尽心”，“惟勿忘勿助之间，中中正正，则广大高明之体完完全全，若明镜之刮垢，复其本体，光明圆满，无一毫翳缺处，而心可尽矣。心既尽，则其生理活泼泼地，跃如卓尔，参前倚衡，而性之本体自然呈露，非知性而何？夫心也、性也、天也，一体而无二者也，心尽而性见，性见而天不外是矣。”“勿忘勿助”体现了“心”“性”“天”的同一，本是“一体而无二者也”。

第四，“勿忘勿助”是“规矩”。也就是说，你要提升人格的修养，你就要遵循这样的规矩。他说：

勿忘勿助之间，正如规矩一般。欲为方圆者必于规矩，欲见中道者必于勿忘勿助之间。千圣千贤皆是此路，此路乃中也。今之谓不用勿忘勿助而可以见道者，乃未知学者，又焉得见道？伊尹、伯夷、柳下惠盖不知此路，是以知之未至，亦未见天地万物一体之意。若知勿忘勿助之间便与天地相似。

甘泉这里所说的“规矩”实际就是一种修养方式，它包括了对客观规律的尊重，以及对主观能动性的发挥。“勿忘”就是不懈怠，“勿助”就是不急躁。不懈怠是积极发挥人的主观能动性，不急躁是一定要尊重客观规律。他批评伊尹、伯夷、柳下惠不懂得这样的道理，不能认识“天地万物一体之意”，不知道“勿忘勿助……与天地相似”的内在联系。只有“勿忘勿助”，才能达到对天道规律的尊重，才能实现人与万物的为一，从而实现人的自由。

甘泉发挥白沙心学，“随处体认天理”，重视“勿忘勿助”，在“勿忘勿助”中间有“敬”，有“忠”，亦有“信”；有“自然”，亦有规范。

“勿忘”就是不懈怠，“勿助”乃是不急躁。“勿忘勿助”的前提是“勿正”，所谓“勿正”，即不停止，没预期，没有私心杂念，没有前提条件，所以“必有事焉”就是绝对命令。为此，才能实现“天人合一”之理想，才能为人之生命寻找到存在的根基。与天地合德，与日月合明，“知崇礼卑”，而常行于“中道”之上。

第七章
未发已发　体认天理

“未发”“已发”问题源于《中庸》，说的是人的修养问题，贯穿于儒家学说发展的始终，宋明时期这一问题比较突出，集中反映在如何觉察和涵养人之情感情绪“未发”之前的“中”，以及如何自觉和达到“已发”的“和”。所以，我们要先追溯前人的论述，然后再看看甘泉对这一问题的解答。

一、历史源流

（一）问题原出

“未发”“已发”讲的是人的情绪情感问题，它属于哲学心性修养范畴，对这一问题做出说明的是《中庸》，它说：“喜怒哀乐未发谓之中，发而皆中节之谓和。”“未发”“已发”讲的是心性中的“中”“和”问题。关于“中”“和”，中国哲学经典中早有阐述。《尚书·大禹谟》里说“允执厥中”说的是坚持公平中正，恰到好处。《易经·乾卦》中的“刚健中正”也有坚强不屈、公正无私的意思。《尚书·尧典》中有“协和万邦”，要求大家和平共处。《论语·学而》中的“礼之用，和为贵”也指出了和谐的意义。所以，儒家哲学中的“中”“和”既是一种价值追求，也是一种基本方法。

自佛教传入中国，本土文化就受到挑战。隋唐时期佛教发展达到鼎盛，随之便有儒佛道三家鼎立之象。实际上，就理论水平而言，佛教更胜一筹，特别是对心性的论述，而儒学理论则显得有些乏力。故中唐以后，儒家学者也积极地为儒学的复兴不懈努力着，韩愈、李翱就是如此。李翱的《复性书》针对佛教理论，探讨心性问题，论述了“性”“情”关系，提出了“性善情恶”的观点，表达了对生死问题的看法，当然，主要还是说明如何“复性”，他的理论展开是由《中庸》中一些哲学命题开始的。虽说他的研究还需要进一步深入，但他提出的问题对后来儒者不无启发和借鉴意义。

（二）程颐与吕大临、苏昞论“中和”

在修养问题上，程颐和弟子吕大临、苏昞对“中和”的讨论对后来的学者影响比较大。

吕大临（1040—1092），字与叔。祖籍汲郡（今河南卫辉），后移居京兆蓝田（今陕西蓝田）。陈俊民先生曾认真辑校他的著作，出版了《蓝田吕氏遗著辑校》，当然，其中也包括了吕大中、吕大均的作品。吕大临先后师事于张载、程颢、程颐，他是关中学派的重要代表人物。他们兄弟的著作很多，可惜留存下来的较少。吕大临的《论中书》记录了他和老师程颐讨论“中”的一些情况。

《中庸》有“中者，天下之大本；和者，天下之大道”。为此，吕大临提出对“中”的理解：“中者，道之所由出。”意即“道”是由“中”而来的，因为“中”是“大本”。程颐不同意大临的观点，认为这样的说法有问题，“中者道之所由出，此语有病”。并说：“中即道也。若谓道出于中，则道在中外，别为一物矣。”“中”只是“道”的一种状态，要说“道”出自于“中”，等于说“道”存在于“中”之外。大临对此作了解释：“论其所同，不容更有二名；别而言之，亦不可混为一事，如所谓‘天命之谓性，率性之谓道’，又曰‘中者天下之大本，和者天下之达道’，则性与道，大本与达道，岂有二乎？”大临的意思是，论到“中”，不能有其他名称，只能是“道”，但是“中”和“道”又不可混同，“中”就是体，如“天命之谓性”的“性”一样。不过，“中”和“道”本质上是相同的。大临还提出“既云‘率性之谓道’，则循性而行莫非道，此非性中别有道也，中即性也”。程颐却坚持“中”的形容词意义，认为“中即道也”，是在“以中形道”的意义上说的。“‘中即性也’此语极未安。中也者，所以状性之体段。……性道不可合一而言，中止可言体（引者注：体为体段之体），而不可与性同德。”这是程颐的观点，程颐坚持“中”的形容词的意义，并不认为“中”是本体。

与之相关，他们对“赤子之心”的理解也不一样。吕大临认为“喜怒哀乐之未发，则赤子之心。当其未发，此心至虚，无所偏倚，故谓之中。以此心应万物之变，无往而非中矣”。大临把“赤子之心”看成是人的本然之心，属先验的善性，犹如“不学而能”“不事而成”的“良知良能”。而程颐则提出“‘喜怒哀乐未发谓之中’，赤子之心，发而未远于中，若便谓之中，是不识大本也”。程颐把“赤子之心”看成是实然性的，虽然它“未远于中”，但也不能认为它就达到了“中”的境界，实然性的“赤子之心”是需要批判的。

大临坚持认为“圣人之学，以中为大本，虽尧、舜相授以天下，亦云‘允执其中’。中者，无过不及之谓也。何所准则而知过不及乎？求之此心而已。此心之动，出入无时，何从而守之乎？求之于喜怒哀乐未发之际而已。当是时也，此心即赤子之心，纯一无伪，即天地之心”。大临理论自成系统，逻辑自洽，坚持“中”的“大本”，坚持“赤子之心”的“天地之心”意义，坚持“心”的“求之于喜怒哀乐未发之际”。这显示了他和程颐的不同，应该也促使程颐思考。

所以，吕大临说“先生谓凡言心者，皆指已发而言，然则未发之前，谓之无心可乎？窃谓未发之前，心体昭昭具在。已发乃心之用也”。程颐最终承认自己在表述“心为已发”时有“词之未莹”的地方，他说：“凡言心者，指已发而言，此固未当。心一也，有指体而言，寂然不动是也；有指用而言者，感而遂通天下之故是也。”至于“心”之“体”是什么，程颐没有解释。但却为后来的理论发展留下空间。在以后的论述中，即有体是性，用是情，体用关系就是性和情的关系，只是在此还未彻底言明。但是须注意，虽说，心之未发和已发是体用关系，但不能把心之未发等同于体，它只是体存在的状态。

另外，《二程遗书》也记载了程颐和苏昞论“中和”的情况。

苏昞（生卒年月不详），字季明，陕西武功人。始学于张载，曾编辑张载《正蒙》一书。后又师事二程。元祐末年，经吕大临的兄长吕大中推荐，由布衣而为太常博士。后因上书朝廷而被贬谪饶州。

《二程遗书》记载，苏季明问："喜怒哀乐已发之前求中，可否？"程颐说："不可，既思就是已发，思与喜怒哀乐一般。才发便谓之和，不可谓之中也。"苏季明又问："吕学士言'当求于喜怒哀乐未发之前'，信斯言也，恐无著摸，如之何而可？"程颐说："看此语如何地下。若言存养于喜怒哀乐未发之时，则可；若言求中于喜怒哀乐未发之前，则不可。"苏季明又问："学者于喜怒哀乐发时固当勉强裁抑，于未发之前如何用功？"程颐回答："于喜怒哀乐未发之前，更怎生求？只平日涵养便是。涵养久，则喜怒哀乐发自中节。"在论到"观之于喜怒哀乐已发之际"时，他说："自古儒者皆言静见天地之心，惟某言动而见天地之心。"这里的"动"指的就是已发，在已发中去求天地之心，即去求理。但是，在这里仍需作出分析，按照程颐这里的思想，心之已发指的是思，心之未发就是无思。只有在思中去探求天地的心、宇宙的理，那么存养（涵养）于喜怒哀乐未发之前岂不就是无思无知觉的状态？如果说这样理解没有歪曲程颐思想的话，那么，他的这一思想就和"涵养须用敬，进学则在致知"相矛盾，因为"敬"是"主一"，"一"是"诚"，"主"是有"意"在，有"意"就是有"思"。质言之，涵养用敬是有思的。

为了克服这一矛盾，只能把喜怒哀乐的已发和"思"区别开来，也就是不能把"思"等同于喜怒哀乐的已发。人在喜怒哀乐未发之时也是有"思"的，即"涵养须用敬"，通过用有"思"的"敬"，才能有涵养，才能有喜怒哀乐未发时的"中"，以及已发时的"和"。这样，就把"喜怒哀乐未发谓之中，发而皆中节谓之和"完全置于形下的涵养用敬、进学致知意义上理解，而不是像心学家那样，在喜怒哀乐未发之前去逆觉体证形上的"体"。

现代新儒家的重要代表人物牟宗三先生把"发"区分为情感的激发的"发"和良心的发现的"发"，这样的区分有助于人们对中国哲学中的未发、已发问题的了解。求之于喜怒哀乐未发之前，乃是良心的发现，即求之于一种对良知纯一的体验，在心学家看来，此完全是可以的，吕大临即有此思想。然而，程颐却侧重于形下的功夫，即重视以理性节制喜怒哀乐，使之达到和，因而偏重于对未发的存养，对已发的察识。这一察识是理性的思考而不是良心发现式的体验，这样一来，就使得他的理学思想体系更加明朗化，即通过知识论（相对于心学而言的）去建立他的形而上的体系，以实现比较容易地把握和操作，而不是无处下手，难以捉摸。

（三）朱熹苦参“中和”

程颐与吕大临、苏季明等人讨论“中和”问题，但问题仍未解决，探索仍在继续。

杨时是二程的门人，他曾亲受程颐的教诲。程颐自涪州归来，往昔的门人已多有弃儒入佛者，唯杨时与谢良佐未变。杨时曾得程颢的偏爱，程颢在世时曾言“吾道南矣”。程颢过世后，杨时成为程颐的亲炙弟子。思想内容上，杨时承续了程颢，而背离了程颐。

杨时说：“《中庸》曰‘喜怒哀乐未发谓之中，发而皆中节谓之和’。学者当于喜怒哀乐未发之际，以心体之，则中之义自见。执而勿失，无人欲之私焉，发必中节矣。发而中节，中固未尝忘也。”这里已不同于程颐所讲的在未发中涵养，在已发中察识。而是把功夫用在未发之前的“以心体之”。

在杨时的门人中，唯罗从彦被认为是“独得其传”。据说“龟山初以饥渴害心令其思索，先生（指罗从彦）从此悟入，故于世之嗜好泊如也”。这是认知，也是修养；是去人欲，存天理；是淡泊，也是觉悟。“方其淡然不使之形见于外，则其道不远。”所以，李侗说：“先生（指罗从彦）令愿中（李侗）静中看喜怒哀乐未发之谓中，未发时作何气象，不唯于进学有方，亦是养心之要。”对李侗来说，他能“冥心独契”罗从彦的心传，并有“怡然自适”之感。因而他常“默坐澄心，以验夫喜怒哀乐未发之前气象如何。久之，而知天下之大本真在乎是也”。

朱熹虽说是李侗的弟子，自师事李侗至李过世，前后有十一年之久，但研习李侗的学问功夫本领却不得其要，特别是“危坐终日以验夫喜怒哀乐未发之前气象为如何”。从其内心来讲，他一心想掌握这一本体功夫如一的本领，然却难以入住这一精神境界，根本无有“洒然自得、冰解冻释”的心灵体验。因此，在李侗过逝后，朱熹心中总不免有负疚的感受，他曾说："旧闻李先生论此（未发已发）最详。后来所见不同，遂不复致思。今乃知其为人深切，然恨已不能尽记其曲折矣。……但当时既不领略，后来又不深思，遂成磋过，孤负此翁耳。"

在李侗过世不久，他听说张栻得衡山胡氏（胡宏，字钦夫）之学，遂前往之。就在这时，朱熹的学说出现了变化，即形成了"中和旧说"。在《中和旧说序》中，他说："余蚤从延平李先生学受《中庸》之书，求喜怒哀乐未发之旨，未达而李先生没。余窃自悼其不敏，若穷人之无归。闻张钦夫得衡山胡氏学，则往从而问焉。钦夫告余以所闻，余亦未之省也，退而沉思殆忘寝食，一日喟然曰：'人自婴儿以至老死，虽语默动静之不同，然其大体莫非已发时，特其未发者为未尝发尔。'自此不复有疑，以为《中庸》之旨果不外乎此矣。后得胡氏书有与曾吉父论未发之旨者，其论又适与余意合，因是益自信，虽程子之言有不合者，亦直以为少作失传而不信也，然间以语人，则未见有能深领会者。"

胡宏是杨时的门人，二程的再传。从胡的著作中不难看出胡宏受程、杨的影响。作为杨时的三传，朱熹虽未得李侗学问的要领，但在和胡宏门人张栻的交往中，却受胡氏学说的启发，即"得胡氏书有与曾吉父论未发之旨者，其论又适与余意合"。胡宏认为"未发只可言性，已发乃可言心"。胡宏把心性分而为二，正好契合了朱熹的思想，由此朱熹形成了自己的"中和旧说"。他说：

> 人自有生即有知识，事至物来，应接不暇，念念迁革，以至于死，其间初无顷刻停息，举世皆然也。然圣人之言则有所谓未发之中，寂然不动者。夫岂以日用流行为已发，而指夫暂而休息，不与事接之际为未发时邪？

朱熹完全是从实然意义上去理解"心"，因此，"人自有生""以至于死"，"其间初无顷刻停息"，完全是处于一种有意识的自觉状态。他不同意所谓的与事物接时为已发，不与事物接时为未发。这里显露出他对李侗学说的意见，如何能在“危坐终日”中，体验到喜怒哀乐未发时的气象？他也曾求之，只是泯然无觉，愈求愈不可见。于是他转向了现实的人伦生活。

> 退而验之日用之间，则凡感之而通，触之而觉，盖有浑然全体。应物而不穷者，是乃天命流行、生生不息之机。虽一日之间万起万灭，而其寂然之本体则未尝不寂然也。所谓未发，如是而已矣。

朱熹不是危坐终日以体验喜怒哀乐未发之前的气象，而是“验之日用之间”，在人伦日用中去体验“天命流行、生生不息之机”。亦即在日常生活中去体验道德生命本体，如乍见孺子将入于井而有怵惕、恻隐之心。这种怵惕、恻隐之心就是朱熹所讲的“生生不息之机”。故“天理本真，随处发现，不少停息者，其体用固如是，而岂物欲之私所能壅遏而梏亡之哉？故虽汩于物欲流荡之中，而其良心萌蘖亦未尝不因事而发见。学者于是致察而操存之，则庶乎可以贯乎大本达道之全体而复其初矣”。这里的“致察而操存之”，就是在心之已发的状态之下而展开的，心之已发和未发本质上不是动静关系，而是体用关系，性是体，心是用。未发已发不是截然为二，而是圆融如一。

性无时不在心中，未发存在于已发中。在经验的心中就可以觉悟到道德的本心，那么，经验的心如何能保证道德本体发用中的客观有效性，其功夫何在？朱熹这样说道：“大抵日前所见，累书所陈者，只是笼统见得大本达道底影象，便执认以为是了。却于致中和一句，全不曾入思议。”朱熹对宇宙本体的“笼统见得”，当代新儒家代表人物刘述先认为乃是由于“从气化之迹了解天命流行之体，无怪乎只觉得个浩浩大化，简直定不下来”。刘先生的意思是朱子不能真切体贴宇宙本体。

不仅如此，朱熹对胡宏学说的不满意，也是其学说转向的一个原因。特别是对胡宏的“欲为仁，必先识仁之体”的不满，他认为“此语大疑”。由此，转向“中和新说”就成必然。其契机在于“复取程氏书虚心平气而徐读之，未及数行，冻解冰释”。

按照程颐的思想，思虑未萌，事物未至，为喜怒哀乐之未发，此时是心之寂然不动，其中却有性体存在，性是无过不及，不偏不倚，故可谓之中。但当接触外物思虑萌动，则有喜怒哀乐之情发之，如发而中节，无所乘戾，这就是和。“此则人心正，而情性之德然也。”性情的关系就是心之体用关系。在表现形式上是未发和已发的关系。然须说明，未发不是性，未发如同中一样，只是言性的体段，未发已发不是体用关系，而是动静关系。所以，虽说“未发之前不可寻觅，已发之后不容安排”，“不可寻觅”是还不能作为认知的对象，“不容安排”乃指情的激发的状态。但“平日庄敬涵养之功至，而无人欲之私以乱之，则其未发也，镜明水止，而其发也，无不中节矣。此是日用本领工夫。至于随事省察，即物推明，亦必以是为本。而于已发之际观之，则其于未发之前者，固可默识。故程子之答苏季明，反复论辩，极于详密，而卒不过以敬为言。又曰：敬而无失，即所以中。又曰：入道莫如敬，未有致知而不在敬者。又曰：涵养须用敬，进学则在致知”。故而他对以往的思想作了检讨，以往讲论，只是以心为已发，而日用功夫，亦只以察识已发为最初的下手处，所以缺少了平日涵养的一段功夫，致“使人胸中扰扰，无浑潜纯一之味”。

同时，朱熹指出，程颐曾对自己学说中的问题作过修正。“程子所谓凡言心者皆指已发而言，此乃指赤子之心而言。而谓凡言心者，则其为说之误。故又自以为不当而复正之。”程颐在和吕大临言心时，承认自己在表述“心为已发”时“词之未莹”。后改之为，凡言心，有指体言，有指用言。这其中的意思，朱熹发挥为心贯体用，并对程颐的存养于喜怒哀乐未发之前的主体意识的泯然无觉也作了修改。他说，程子的学说是“以思虑未萌事物未至之时，为喜怒哀乐之未发。当此之时，即是心体流行，寂然不动之处，而天命之性体段具焉。以无过不及，不偏不倚，故谓之中。然已是就心体流行处见，故直谓之性则不可。吕博士论此，大概得之，特以中即是性，赤子之心即是未发，则大失之。故程子正之。盖赤子之心，动静无常，非寂然不动之谓，故不可谓之中。然无营欲知巧之思，故为未远乎中耳。未发之中，本体自然，不须穷索。但当此之时，敬以持之，使此气象常存而无失，则自此而发者，其必中节矣”。

这里，朱熹是在实然意义上论心的，故“赤子之心，动静无常”，心之静动即为未发和已发。未发之“中”证明“性”在，敬以持之，发必中节；已发之时，可以察识，仍须用敬。心有体用，敬贯动静，敬有死活之分：死敬是只守着主一；活敬则是“敬便有义，义便有敬”。因而涵养于未发之时，亦便有明觉的敬与义。所以《程子养观说》有：“程子曰：存养于未发之前则可。又曰：善观者却于已发之际观之，何也？曰：此持敬之功，贯通乎动静之际者也。就程子此章论之，方其未发，必有事焉，是乃所谓静中之知觉，复之所以见天地之心也。及其已发，随事观省，是乃所谓动上求静，艮之所以止其所也。”

在答张钦夫的一封信中，朱熹对“中和新说”作了较为完整的概括。他认为“中和旧说”“无甚纲领”；反观新说则“以心为主而论之，则性情之德，中和之妙，皆有条而不紊矣”。在他看来，人的知觉思虑都是心的功能，人的一切活动动静语默都是心之所为。在静的时候，是事物未至，思虑未萌，但“一性浑然，道义全具”，这就是所谓的“中”，也是心之所以为体，亦即“寂然不动”。而在动的时候，则是事物交至，思虑萌发，但七情迭出，各有所主，这就是“和”，也是心之所以为用，亦即“感而遂通”。

作为形上存在的“性”并不是悬空的存在，而是必然落实在心上。性之静，而不能不动，静动乃是就心而言的。心主乎动静语默，作为心之体段的敬，亦用力于动静语默，未发之时，有心的主敬，已发之际，有心的察识。思虑未萌而知觉不昧是静中之动，亦即在思虑未萌之时对理的敬畏与自觉。事物纷纠而品节不差是动中之静，亦即思虑萌发之时对义利的察识与对理的敬畏。动中有静，感中有寂，静中有动，寂而常感，皆体现的是天理法则。所谓“君子之所以致中和而天地位万物育者，在此而已”。中和是宇宙万物的普遍法则。

朱熹的未发已发在“心统性情”下达到统一。

（四）阳明论“中”

阳明对“中”的论述，同样继承了以往的成果。对于程颐和李侗有关“中”的观点，阳明给予了肯定。当弟子问：“伊川谓不当于喜怒哀乐未发之前求中，延平却教学者看未发之前气象，何如？”他回答说：“皆是也。

伊川恐人于未发前讨个中，把中做一物看，如吾所谓认气定时做中，故令只于涵养省察上用功。延平恐人未便有下手处，故令人时时刻刻求未发前气象，使人正目而视惟此，倾耳而听惟此，即是戒慎不睹、恐惧不闻的工夫。皆古人不得已诱人之言也。”也就是说，程颐和李侗的说法都有道理。程颐担心人在未发前求“中”，是把“中”作为一物来看待；李侗的求之于未发之前的气象实际说的也是戒慎不睹、恐惧不闻的功夫。

在给汪石潭的信中他从未发已发说明了“心”之体用的问题：“夫喜怒哀乐，情也。既曰不可，谓未发矣。喜怒哀乐之未发，则是指其本体而言，性也。斯言自子思，非程子而始有。执事既不以为然，则当自子思《中庸》始矣。喜怒哀乐之与思与知觉，皆心之所发。心统性情。性，心体也；情，心用也。程子云：‘心，一也。有指体而言者，寂然不动是也；有指用而言者，感而遂通是也。’斯言既无以加矣，执事姑求之体用之说。”“喜怒哀乐”是“情”，背后有体，此乃是“性”。在《中庸》那里已经是如此。“喜怒哀乐”以及“思”与“知觉”，这些都是“心”的体现。

接着，他说：“夫体用一源也，知体之所以为用，则知用之所以为体者矣。虽然，体微而难知也，用显而易见也。执事之云不亦宜乎？夫谓‘自朝至暮，未尝有寂然不动之时’者，是见其用而不得其所谓体也。君子之于学也，因用以求其体。凡程子所谓‘既思’，既是已发；既有知觉，既是动者。皆为求中于喜怒哀乐未发之时者言也，非谓其无未发者也。”王阳明借用程颐的观点说明“因用以求其体”，在已发中求得未发，阳明要求在喜怒哀乐未发之时求“中”，说明“未发者”是存在的，另外也反映出他和程颐思想的差异。

对朱熹，阳明也有批评：朱熹“所谓‘自戒惧而约之，以至于至静之中；自谨独而精之，以至于应物之处’者，亦若过于剖析。而后之读者遂以分为两节，而疑其别有寂然不动、静而存养之时，不知常存戒慎恐惧之心，则其工夫未始有一息之间，非必自其不睹不闻而存养也。吾兄疑且于动处加工，勿使间断。动无不和，即静无不中。而所谓寂然不动之体，当自知之矣。未至而揣度之，终不免于对答说相轮耳。然朱子但有知觉者在，而未有知觉之说，则亦未莹”。阳明对朱熹学说不满意，根子还是在所谓的“析心理为二”。这里，他认为朱熹的“自戒惧而约之，以至于至静之中；自谨独而精之，以至于应物之处”是把戒惧和谨独分开，是“过于剖析”，也把功夫分为两截。他的意思是，功夫不能间断，任何时候都应该有“良知”的自觉，这是察识，也是涵养。朱熹是“但有知觉者在，而未有知觉之说”，阳明指出“未有知觉之说”，意在强调对“知觉”批判（反思）的意义。

所以，他教育弟子“只缘后儒将未发已发分说了，只得劈头说个无未发已发，使人自思得之。若说有个已发未发，听者依旧落在后儒见解。若真见得无未发已发，说个有未发已发原不妨。原有个未发已发在”。之所以说“无未发已发”就是要人们去认真思考，以免落入俗套，陷入陈说。

他还说：“不可谓未发之中常人俱有。盖‘体用一源’，有是体即有是用。有未发之中，即有发而皆中节之和。今人未能有发而皆中节之和，须知是他未发之中亦未能全得。”之所以这样强调，还是一个“自觉”问题，不能简单理解“体用一源”，对人来说，“中”和“和”、“未发”和“已发”还有一个自觉问题。人们如果没有“已发”的“和”，实际也没有对“未发之中”的真正“全得”理解。

所以当弟子问：“良知，心之本体，即所谓性善也，未发之中也，寂然不动之体也，廓然大公也，何常人皆不能而必待于学邪？中也，寂也，公也，既以属心之体，则良知是矣。今验之于心，知无不良，而中、寂、大公实未有也，岂良知复超然于体用之外乎？”他则说：“性无不善，故知无不良。良知即是未发之中，即是廓然大公、寂然不动之本体，人人之所同具者也。但不能不昏蔽于物欲，故须学以去其昏蔽。然于良知之本体，初不能有加损于毫末也。知无不良，而中、寂、大公未能全者，是昏蔽之未尽去，而存之未纯耳。体即良知之体，用即良知之用，宁复有超然于体用之外者乎？”有“良知”而无“中、寂、大公”，此乃人心的“昏蔽”所致，并非“良知”超然于体用之外。如何去蔽？还在于“学”。在于学习，在于觉悟。

以上是宋明诸家对于“未发”“已发”的思考和认知，虽有差异，但对后人锤炼修养功夫不无启发意义。

二、意义诠释

（一）“中”就是“理”

“未发”“已发”问题核心在“中和”。甘泉在参加会试时的答卷就是对“中者，天下之大本”展开论述，论述稍显冗长，这里述其大要。

古之圣贤论“理”，因其无形而难以命名，不好下定义，故必须借助于形，借助于有形的事物。但有形的事物可不是“理”，“理”是有形事物背后的存在。

论及心性，他说：“喜怒哀乐未发之理，蕴诸其心也，未萌诸其念虑也，未暴白于其四肢与其事为也，人不可得而知也，神不可得而窥也，寂然不动而遂通天下之故也，然后其理始著。然则未发者，其所谓无形者邪！天下之故者，其所谓有形者邪！即其无形之中，而举天下之有者与有有者，举天下万事之精粗者与其精精而粗粗者，举天下万物之巨细者与其巨巨而细细者，其理皆不外是乎发端焉。”这里的话有些绕口，基本意思是，喜怒哀乐的“理”存在于“心”中，在思虑未萌发的时候，没有成为人的行动时，人不能认识它。但是，当它和万物接触时，寂然不动的“心”就能感通万物，由此“理”也体现出来。在事物未发生时，“理”是无形的，但是“理”是事物存在的根据。事物之所以存在，之所以精致，或之所以粗糙，皆因为自身的“理”。子思的“喜怒哀乐未发谓之中……中也者，天下之大本也”，这“大本”也就是“理”。

追溯历史，自尧舜以来，诸家都在追求“中”的意义。尧有“允执厥中”；舜讲“人心惟危，道心惟微”，并提出“精一执中”；商汤有“建中”；周武有“建极”，“极亦中也”。“群圣人者作，其言中言极，皆未尝即天下之有推本之也。盖其概之也。周公而下其说长。孔子之言性与天道，不可得而闻也。”从周公以下，学说得到弘扬。但是，孔子的“性”与“天道”，“不可得而闻也”。故后来的子思哲学的意义就显得重要了。

到了宋明，“理”范畴的意义凸显。甘泉在总结以往思想的基础上，说道：“夫理一而已矣。自其太虚无形者谓之天，自其赋予万物者谓之命，自其合虚与气者谓之心，自其具于心者谓之性，自其性之未发而不偏者谓之中。中非有形也，以中而名其不偏也，以其不可名而名之也。故其未发于喜，喜之理具于中而无所偏于喜也，而凡天下之喜之理由是出焉。其未发于怒，怒之理具于中而无所偏于怒也，而凡天下之怒之理由是出焉。未发于哀乐，哀乐之理具于中而无所偏于哀乐也，而凡天下哀乐之理由是出焉。”“理”是“中”，“中”也是“理”。“中”不是所谓的状词，而是名词。其本身就是宇宙的本体。宋明理学价值就是对“中”的追求，就是人生的涵养。“程子所谓‘于喜怒哀乐未发之前而求所谓中者作何气象’，可默识之矣。斯理也，在易所谓太极，在孔门所谓一，在周子所谓无极，所谓诚，在程子所谓廓然大公，在张子所谓虚者仁之原，皆此物也。君子体之如是也，故戒慎乎其所不睹，恐惧乎其所不闻。愚尝得其说矣。曰：不忘之谓戒，不怠之谓谨，不肆之谓恐惧，而过于矜持者之凿之也。孟子曰：‘必有事焉而勿正，心勿忘，勿助长也。’此其存之之法也。”

以上是甘泉会试答卷的基本内容，主要是说明“中者，天下之大本”，说明“中”就是“理”的道理。

（二）《心性图说》中的“中和”意义

《心性图说》是甘泉的哲学著作，它比较全面地论述了“心性”与“宇宙”、“未发”和“已发”的辩证关系。

“性者，天地万物一体者也”说的是天地万物一体的根据是“性”，是在本体论上讲的。“浑然宇宙，其气同也”讲宇宙统一于“气”，是在宇宙论意义上说的。“心也者，体天地万物而不遗者也”说的是“心”的作用，“心”能认识万物。“心”和“性”有什么区别？“性也者，心之生理也，心性非二也。譬之谷焉，具生意而未发，未发故浑然而不可见。及其发也，恻隐、羞恶、辞让、是非萌焉，仁义礼智自此焉始分矣，故谓之四端。端也者，始也，良心发见之始也。”“心”是在实然意义上说的。实然之“心”也有“良心发见”。对人而言，“敬”的价值非常重要。不论是在“未发”，还是在“已发”，都有“敬”的存在。“是故始之敬者，戒惧慎独以养其中也，中立而和发焉，万事万化自此焉达，而位育不外是矣。故位育非有加也，全而归之者耳。终之敬者，即始之敬而不息焉者也。”“敬”在始终，也贯动静，存在于“未发”和“已发”。但“敬”之“心”也是本然的存在，所谓“心无所不贯也”“心无所不包也”。“包与贯实非二也，故心也者，包乎天地万物之外，而贯乎天地万物之中者也。中外非二也，天地无内外，心亦无内外，极言之耳矣。”这是甘泉的思想，似乎继承了朱熹的一些思想但又不同于朱熹。

（三）“未发”“已发”基本内涵

甘泉在《答孟生津》一文中这样说：“明道看喜怒哀乐未发前作何气象，延平默坐澄心体认天理，象山在人情事变上用功夫，三先生之言，各有所为而发，合而观之，合一用功乃尽也。吾所谓体认者，非分未发已发，非分动静。所谓随处体认天理者，随未发已发，随动随静。盖动静皆吾心之本体，体用一原故也。如彼明镜然，其明莹光照者，其本体也。其照物与不照，任物之来去，而本体自若。心之本体，其于未发已发，或动或静，亦若是而已矣。若谓静未发为本体，而外已发而动以为言，恐亦有岐而二之之弊也。前辈多坐此弊，偏内偏外皆支离，而非合内外之道矣。吾心性图备言此意，幸深体之。”按照甘泉的意思，明道是在“未发”时去察识用功，延平是在“未发”前“体认”，象山则是在“已发”上用功，三位先生都有自己的道理，如果能综合起来则会更好些。所以，他的观点就综合了以往的思想。他在阐述其哲学基本命题“随处体认天理”时，就不分未发已发，不分动和静。两者本来就是相互内在的，“未发”蕴含“已发”，“已发”当中就有“未发”。“随处体认天理”，就是“随未发已发，随动随静”。不唯如此，他的“体认”不仅包含了理性认知，而且包含了实践体悟，所以，他克服了以往“偏内偏外皆支离”的观点，实现了自己“合内外之道”的主张。

甘泉关于“未发”“已发”的观点思想特征非常明显，他坚持自己的哲学主张，又不排斥程朱的理学思想，他属心学一派，但和阳明有差异，可又不完全排斥王学的思想，而且借鉴他们的合理主张。他的思想有很明显的调和性，这也从一个侧面反映了他的为人处世。

第八章

心灵境界　终极关切

境界指的是人们的思想觉悟和修养水平。觉悟有自觉觉他之分，修养有高低之别。人之所以为人就是因为他的觉悟和修养。故孟子说："由是观之，无恻隐之心，非人也；无羞恶之心，非人也；无辞让之心，非人也；无是非之心，非人也。""恻隐之心""羞恶之心""辞让之心""是非之心"都是人们的精神修养和心灵境界。一个人的思想觉悟所反映的就是他的修养和境界，也内涵着他对终极价值的追求。

一、境界之过程

古人有"十年树木，百年树人"一说，即用十年工夫就可以培养一棵大树，而要把人教育好可不是十年的事，它是一辈子的事情。在《论语》中孔子曾这样概括他的一生："吾十有五而志于学，三十而立，四十而不惑，五十而知天命，六十而耳顺，七十而从心所欲不逾矩。"孔子是圣人，到了六十岁时才做到"耳顺"，到七十岁时才"从心所欲不逾矩"。而对一般人来说，要做到这样的水平可就不那么容易。不妨问问自己，能不能做到《论语》中所说的"不迁怒，不贰过"和"不怨天，不尤人"。若是不能，就说明没有达到"耳顺"和"从心所欲不逾矩"的自由境界。这里的"不"实际就是自由，当然，它是一种消极意义上的自由。

孔子对自己人生的概括，表明他把人生看成是一个过程，在这个过程中人需要对自己的人生有所觉悟，因为只有觉悟的人生才是值得度过和有意义的，否则，就不值得。人活着就应该是明白的、清楚的，而不应是“行而不著”“习而不察”“日用而不知”。所以，人生的过程就应该是一个思想觉悟和精神修养不断提高的过程，从“十有五而志于学”到“七十而从心所欲不逾矩”，人的思想觉悟总是在不断提高，精神境界总是在不断升华。当然，一般人可能不会像孔子那样，但不要紧，可以向往，“虽不能至，心向往之”。也许自己的能力还不够，但可以学习，“非曰能之，愿学焉”。

那么，甘泉是怎样看待这一问题的？当弟子问：“人既知觉，则无不通达，何孔子谓五十而知天命？”人有思想，有能力，为什么说五十才“知天命”？甘泉回答：你所问的这个正是“圣人之学”，“自十五而志于学，三十而立，四十而不惑，学力进进有次第。志学之初，虽已知天性之本然，而习气间起，未纯乎天，日用应酬，人为未尽释，至五十始知皆天命，无俟乎人为，六十而耳顺，无所不顺，有顺无逆，纯乎天矣”。圣人之学实际就是如何成圣之学，成圣需要一个过程，而且这个过程是次第渐进的，从十五到七十，一个阶梯一个阶梯地进步。四十之前虽然也知晓人的本然之性，但总不免受困于习然之性。在日常生活之中，也总不免有利害得失、功名福禄的缠绕，只是到了五十岁的时候才“知天命”，才知晓“性与天道”的合一，达到这个境界就是无待乎俗，无待乎外。六十岁就无所不顺了，纯乎天理，心底澄莹。七十的“从心所欲不逾矩”就是自由自在的境界。

甘泉进一步解释“吾十有五而志于学，三十而立，四十而不惑，五十而知天命，六十而耳顺，七十而从心所欲不逾矩”，他说：“孔子之学异乎他人之学，他人之学，冥行而妄学，孔子之学，明行而实学。子曰：‘吾尝终日不食，终夜不寝以思，无益，不如学也。’孔子于此深省天下何思何虑，实无可思虑者。经礼三百，曲礼三千，皆吾心中之物，无俟乎复思，无俟乎复虑。至于发愤忘食，虽愤而非起意也。好谋而成，虽谋而非动心也。终日变化云为而至静也，终身应酬交错而如一日也，是谓适道之学。”“他人之学”主要指佛道之学，都属于“冥行而妄学”。所谓冥行，就是盲目行事，迷而不觉。在儒家看来人不应该这样活着，不应该浑然不觉、稀里糊涂；而应该清清楚楚，明明白白，坦坦荡荡，堂堂正正。故儒家倡导“明行而实学”，就是“行而著，习而察”“用而知”，就是对自己人生有所觉悟、有所批判。他们认为自己的学说是“实学”。作为圣者，孔子的胸怀是宽阔的、无私的，他不会偏于一思，也不会忧于一虑，“天下何思何虑”。社会的礼仪规范，即经礼、曲礼都是人们的“心中之物”，都是发自于人之“本心”。圣者是人，他有情绪，但圣者的发愤忘食，虽愤而非起于私意；圣者好谋而成，但非动之于心，不是出自主观好恶。事虽变化，心静如一，终身应酬交错，犹如一日生活（之从容）。这就是“适道之学”。“适道之学”关键在“道”，人生在世，就应该是走在道上，活在道上，即使死，也要死在道上，所谓“尽其道而死者，正命也”，人生就是对“从心所欲不逾矩”的自由境界的追求。

甘泉曾感叹世人的不知自贵和自爱。他说：“古今一贯之心，即天地之道，即礼乐之原，即文武之德，即三代之德，而不自知贵，不自知爱，殊可怜也。能自知者千无一，万无一。自知诚鲜，而常知、常明者又鲜。自知者，孔子谓之知及之；常知、常明者，孔子谓之仁能守之。自知非意虑之所及，亦非舍意虑之所为，意虑交作，如四时之错行，如日月之代明。人皆有是明德，而不能以自明，能自明而又不能常明，有时乎昏，则不可以为仁。仁者觉之之谓，医家之流谓四肢不觉为不仁，先儒常举此以明仁无一物之不觉，无一事之不觉，无斯须之不觉，如日月中天，如水鉴时明，常觉常明，自觉自明，昼夜通贯。颜子进乎此，故曰其心三月不违仁，其余日月至者，如仲弓之徒亦可以言仁，惟日月外，亦昏亦违，可以言仁，不可以言尽仁，颜子几尽于仁矣。孔子六十而耳顺，则江、汉以濯之，秋阳以暴之，皓皓乎不可尚已！”这里的“自知”实际就是自觉，能达到这一境界者千无一人，乃至万无一人，殊属甚少。而常知常明者就更少了。常知常明，也只有颜渊这样的贤哲才能达到，像仲弓（冉雍）这样在孔门里算是德行比较好的弟子，也只是偶尔达到。但颜渊也只能说是“几尽于仁矣”，还不能说已经完全达到了“仁”，在后儒看来，孔子达到了“仁”的境界，故有如“江、汉以濯之，秋阳以暴之，皓皓乎不可尚已！”就像经过江汉的水洗过、夏日的太阳晒过，洁白无瑕，没有谁能够与他相比。但是，孔子认为自己还没有达到“仁”的境界，他曾说“若圣与仁，则吾岂敢？”这说明“仁”是儒者的最高境界，也是儒者的终极境界。

人这一辈子所追求的就是“仁”的境界，“仁”的境界是儒者的终极境界。甘泉曾赋诗曰：“有客歌南山，歌之动我怀。道以年而寿，寿者道之阶。六十而耳顺，七十而心从。直入自然门，此寿元无穷。”诗言的是志，甘泉希望他能在七十岁的时候，达到“心从”的“自然”境界。这完全可以理解。

二、境界之层次

境界有高低之分，孟子曾给境界划出层次：“可欲之谓善，有诸已之谓信。充实之谓美，充实而有光辉之谓大，大而化之之谓圣，圣而不可知之之谓神。”值得追求的东西就是善，善落实在人自己身上的就是信（诚信），善充实于自身的就是美，充实并且能发出光芒的就是大，光大并能感化世人的就是圣，圣而超越认知的就达到了神。善、信、美、大、圣、神都是人的精神状态，其间呈现出逻辑递进性，圣和神是最高的境界，也是孟子所理解的终极境界。孔子曾经把圣与仁作为人生的最高境界，并认为人为此境界付出生命代价也值得，故有“杀身成仁”。孟子则把圣和神作为最高境界。两者在表述上虽有差异，但本质上是一致的。

甘泉接着孟子的思想去诠释境界。他诠释“可欲之谓善”，说道：“可欲犹今可口之可也。然真见善于未可欲之前，乃真知所为可欲者。在凡人则为良心，在正子则谓之端倪。知有诸已，则此端倪尝露，无隐见时矣。俱在几上，美大圣神功夫俱在知几充实上。化不可知，即充实熟耳。未发则为可欲之性，既发则为可欲之善。”这一段的意思是，“可欲”如可口之可一样，它是人的一种内在需要，但是，在“可欲”之前，必须对善之本体有个认知，有了这个认知才会有所谓的“可欲”。一般人的“可欲”之根据在“良心”，而乐正子的“可欲”已经有了端倪，即初步表现出来，所以，乐正子是善人，也是信人，因为他能自觉“可欲”之前“良知”的存在，并能把它表现出来。事实上，美、大、圣、神这些具有人格境界意义的功夫也都离不开对“良知”的自觉，它们也都是“良知”的表现。从“大而化之”到

“圣而不可知之”皆属“良知”的充盈而成熟。从“未发”和“已发”的角度看，“可欲之性”是“未发”，“可欲之善”是“已发”。“已发”就是对“良知”的自觉。

但是，必须明白“可欲”是在形下意义上说的，也就是说对具体的对象才有“可欲”或者“不可欲”，在形上意义上，“良知”和“本心”无所谓“可欲”“不可欲”，因为它超越对象，就像王阳明说的“无善无恶心之体”。“良知”“本心”是自由的、无待的，也是无累的。所以，甘泉也这样说：“无可欲者，善之本心也，心之体也。”

在现实生活中，人需要自觉，需要“明善于未可欲之前焉”，即自觉和认知“本心”的意义。“明于未可欲，而后见夫真可欲者，见可欲者而存存焉，道义出矣。”只有在“未可欲之前”，明白了什么是不值得的，才能认识到什么是“可欲”的，并认真践行“可欲”的价值，也就是践行社会的“道义”，社会的“道义”就是由此而来。故而，“可欲之善，乃人之初心、良心、真心也，如树木之根初萌、桃杏之仁初出，蔼然生意，即此涵养，有之即是信，充实即是美，有光辉即是大，化而不可知即是神圣，都在这一点元初真实良心扩充去，非假借于外。今人有杂伪之心，只管要张皇，张皇之心即非真心，如此说甚神圣？”人之不同的精神境界皆是“良心”扩充的结果，之所以不同，是因为扩充的程度不同。假如有人有“杂伪之心”“张皇之心”，“杂伪之心”是杂而假，“张皇之心”属张而狂；两者都根本谈不上真正的“心”，从而也根本谈不上“神圣”的境界。

在儒家那里“人皆可以为尧舜”，也就是说，圣人是可以学习到的。甘泉把孟子所说的“可欲之谓善”一直到“圣而不可知之谓神”，看成是做圣入神的一段功夫。当然，这样的功夫也属于境界功夫。

他认为，“可欲之善”是人的初心、良心和真心，此三心实即一心。它是人之成人的“所谓真种子”。人之所以能变化，人之思想境界之所以能提升，就是因为有“真种子”的存在。“所以能变化者，为其有真种子耳，可欲之善即真种子也。譬之谷种，为其有这一点生意，故至于春能发，能苗而秀，秀而实。譬之树木，为其有根，有这一点生意萌芽，生意故自根而干，而枝叶，而花，而实。”

所以，学者需要由“可欲之善”入手，因为“此是善端初动，动而未形，有无之间，所谓几也。若见此善端，虽未学，亦已为善人矣。此乃孟子指示人于几上用功处，与颜子知几其功夫一般”。所谓善端，就是“恻隐之心，羞恶之心，恭敬之心，是非之心”，如果人能认识到这些“善端”的意义，也就达到“善人”的境界，这是做人的用功处，即使还没有达到严格意义上的学习，还没有取得太多的成效，因为他的动机是善良的。这善良的动机乃是评价人的最基本标准。甘泉对这一精神境界做了描述：“这时节如日初出，如火始燃，如泉始达，多少令人快活，这便是可欲之善。此善于勿忘勿助之间见之，不著丝毫人力，不落安排，不加想象。先儒谓求善于未可欲之前，自谓妙手，殊不知求之一字已著人力安排想象矣。惟勿忘勿助之间，乃不求之求，则可欲之善自然呈露，令人欢忻鼓舞而不能自已者。”“善”（善性）不能是“求”的，是养的，是情感的真实流露。若是“求”的话，就著人力了。著了人力，就不自然了，主体也不自由了，实际就是不尊重人格成长规律了。人格的成熟、境界的提升有规律，这一规律也是教育的规律。

什么是“信”？甘泉说：“信者，信此也。认得这真种子，便有下手处，终日乾乾，得这把柄入手，时习涵养之久，优而游之，使自求之，餍而饫之，使自趍之，忽不知其有之于己。”“信”是着实的功夫，从“真种子”下手，时习涵养，坚持不懈，久之就会潜移默化，不知不觉就落实在自己身上。所以，“信”的过程就是觉悟的过程，觉悟到“真种子”（良知）是浑然“己物”，而非“禅客”（世俗参禅者）“如数他财”，己于财分而为二。浑然“己物”是合二为一，善在于己。以前由于人的自蔽自迷而没有认识到这一点，一旦觉悟，就知道原来这善本来就是自己的，没有一点虚假，这不就是“信”吗？简言之，“信”就是“诚”，就是“思诚”功夫。只要你能“思诚”或“诚之”，就是诚信之人了。《中庸》也说：“诚之者，人之道也。”

什么是“美”？甘泉说：“此美亦是此善之美，非有他美。盖善有诸己，由是扩充积实，无不饱满，无些欠缺。如一池满水相似，原来分量完足，美在其中，非由外铄，极天下之美无以过之。”美是人格的、心灵的，存在于人自身的。善的充实饱满，无有欠缺。如一池清水，分量完足。美在其中，不由外铄。这人格美是世界上其他美所不能比拟的。

什么是“大”？“充实而有光辉”。“这光辉亦是此善之光辉，盖善充实积中，自不能不发于外，所谓美在其中，畅于四肢，发于事业；所谓仁义礼智根于心，其生色也，睟然见于面，盎于背，施于四体，四体不言而喻；所谓诚则形，形则著，著则明；皆是物也。”“大”是“善”的光大，在充实的基础上，已经有了光辉，不仅充实于中，而且形之于外。美之于内在，畅之于实践，成之于事业。睟面盎背，四体已喻。其中的真诚自然表现出来，而且逐渐显著，进而光大。这就是“大”的人格气象。

什么是“圣”？“大而化之”。“此化亦是善之化，化则无迹，浑是一团生理。其知生知，知由己行；其行安行，行非由己，机非在我，故谓之圣。”“大而化之”之“化”，也是“善化”。“圣”是人格，不著人力，不见人为，了无痕迹。浑是天理。生知安行，行非由己，没有私己，也无私我。化育万物，参赞天地。

什么是“神”？“圣而不可知”。甘泉解释：“此神亦是此善之神，非有他神。神则不测，故不可知。”“神”是超凡入神，是人格智慧的集大成。神是妙不可言，它超越了人的认知范围，已不属于人的认知对象，故不可知。但可追求，需要敬仰。

甘泉要求学生立“圣神”之志，并叮嘱他们一定要记住“可欲之善根是真种子”，然后通过学问思辨笃行的功夫，涵养扩充，习化而神，达到圣神境界，即“尽得原初的性分，始为成人，无忝尔所生，始可为父母之孝子，始可为天之践形惟肖子也”。人这一辈子就是要获得自己的原初善性，成就自己真正的存在。不要给父母丢脸，不要辜负父母的期望，这才可以成为孝子，也才可以仰不愧于天，俯不怍于人。进而实现“存，吾顺事，殁，吾宁也”的理想。

三、境界之“成性”

“成性”一词在《易传》中常被提及，《易传·系辞》说：“一阴一阳之谓道，继之者善也，成之者性也。”基本意思是，阴阳的对立统一是宇宙的根本规律，如果能顺应它的话，那就是善的；如果能顺承它的话，也就成就了事物的本性。天地之间，所有的事物都是运动变化的，人如果能成就事物的本性，这也是对事物道义的遵守。所以，《易传》强调："天地设位，而易行乎其中矣。成性存存，道义之门。"孔颖达解释道："此明易道既在天地之中，能成其万物之性，使物生不失其性，存其万物之存，使物得其存成也。性谓禀其始也，存谓保其终也。"遵循万物之规律，成就事物之本性。性有其禀，人有其守。

中国古代传统哲学讲"天人合一"，上面说的"物"实际上已经把人包括在其中了，人不仅要遵守自然规律，也要自觉人之为人、人之成人的规律。也就是说，人的成长也要自觉遵守自身的成长规律，实际这就是"成性"。

人要成长、要成才，入手的地方还是自己，也就是甘泉所说的"切己体认"。什么是"切己"？就是切于人自身的"人心""人路"。"《易》曰：'立人之道，曰仁与义。'仁者全体，义者大用。性之而成圣，体之而成贤，会而通之而成身。故仁义者，天地之大德，圣学之极功，舍是则无可致力于学者矣。何谓仁也？仁非甚远难知，即人之心也。恻隐之心，人心也；好生之心，人心也。人心之理，生生不息，此便是仁，故仁即人之本心也。何谓义也？义非甚高难行，即人之路也。""仁"非远而难知，"义"非高而难行；"仁"是"人心"，"义"是"人路"；"仁"是全体，"义"是大用。如果能成就"仁义"之性，那就是"成圣"；如果能践行"仁义"之道，那就是贤者；如果能会通"仁义"之理，那就是"成身"，"成身"就是"修身"。《礼记·哀公问》："公曰：'敢问何谓成身？'孔子对曰：'不过乎物。'"《吕氏春秋·尊师》："知之盛者莫大于成身，成身莫大于学。"

要"成性"，首先要"尽心"。人不"尽心"，乃是悲哀。所以，"夫哀莫大于心死，而身死随之。盖叹其可哀之甚，欲人知可哀而自哀。苟知其可哀而自哀，未有不痛哭流涕，而自省自怨自艾而不能自已者矣。若自哀自求，反身而诚，则乐莫大矣，何惮而不为乎？然心又为事之本，失其路由失其心，故又推本于心而言之，以为人之本心根于性命，非若鸡犬之为外物者然。今之人有鸡犬放，则知求之，有放心而不知求，爱外物之至轻，而忘夫身心之至重者，岂为难知哉？弗思之甚矣耳。然求放心者，学问而已矣。何谓学问？博学、审问、慎思、明辨、笃行皆学问，所从事于斯者无他，求放心之道，在此而已矣。知以开其心，行以恒其心，知行并进，觉其明，去其蔽，而放心自存。存其心即所以存其性，成性存存而道义出，万化行。是学问者，非求放心之道乎？”

“学”的目的仍在“成性”。“性”是什么？首先是孝悌。人如果不仁不义，不孝不悌，那就不是人，或不够人。所以，甘泉说：“尧、舜之道，孝弟而已。”孝悌是人最基本的情感，由此出发而有圣人之道，圣人之道也是由“近取诸身”而认识的。孝悌是人性，也就是说，只有人才具有；孝悌也是道德法则，是人必须遵守的圣人之道。这样，“性”和“道”就是统一的，《中庸》里就有“性即天道”的思想，如果说“性”和“道”两者有区别，那是因为视角不同。从主体存在来看它是“性”，从人遵守的原则规范来说它就是“道”。

对圣人之道的遵守就是人格的养成。“或由之而成行，或由之而成性。成行之谓贤，成性之谓圣。”对圣人之道长期持守，就会自然内化于心，外化于行，终成于性。“成行”“成性”就是成贤、成圣。成就人们自由自觉的理想人格，人皆可以为尧舜。

在“成性”的过程中，学习的作用非常重要。“夫学以成性，性以蕴德，德以行道，道以致用。”“成性”由“学”来的，“成性”中的“性”蕴含着“德”的品质，“德”可行之于“道”，“道”能致用于天下。“德”的基本内涵是“仁”“智”，“是故刚明而断之谓智，柔慈而爱之谓仁，仁智兼得谓之有德”。“成性”当中的“孝悌”“仁”“智”非常重要，“仁”是由“孝悌”而来，“孝悌也者，其为仁之本与！”“仁”不能离开“智”，“智”是是非之心，没有清晰的判断能力，“仁”就无法实施。所以，光有“慈爱”的“仁”不行，还需要有“明断”的“智”。这才叫作有“德”，有“德”就是有智慧。

在“成性”过程中，“礼”的作用也非常重要。“礼”不仅是恭敬之心、敬畏之情，也是人们社会活动的行为规则。人需要在社会的规则中去适应、锻炼、调整，人之“成性”不是空洞的说教，而是必须付诸实践，付诸

“父子有亲、君臣有义、夫妇有别、长幼有序、朋友有信”，付诸“师道尊严”，付诸“畏天命、畏大人、畏圣人之言”，付诸“处困不失其所”。所以，“礼以存成性，则成性存而道义出矣”。只有通过“礼”去成就自己的“性”并保存这种“性”，才会有“道义”行为的出现。

不仅如此，“成性”的价值还在于，“性”是至上的，也是无待的。它是人品，也是人格。甘泉说：“古之人以天下无性外之物，故老老、长长、幼幼，与及人之老、及人之长、及人之幼，皆作己性分内事。”从甘泉这句话中，我们能看出什么是人之品格的健全、无私、自由和洒落。

四、“上下与天地同流”

“上下与天地同流”一语始出于孟子，说的是儒者追求的最高境界。他说：“夫君子所过者化，所存者神，上下与天地同流。”意即君子所到之处，百姓就会受到感化、得到教化，其精神得以存留，其人格已经神化。这就是“天人合一”，就是儒者的君子人格。实际上，“天人合一”的内容非常丰富，在甘泉这里至少包括了如下的内容：

（一）理气合一

“理”“气”是中国古代传统哲学的基本论范畴，“理”是本体，“气”是现象。“理”在不同的语境下有时用“道”表示，“理”“气”关系也被说成“道”“气”关系。甘泉说：“有理即有气矣，却倒说了。易一阴一阳之谓道，即气即道，气之中正者即道，道气非二也。疑周子之说良是，盖阴阳动静运行于天地之间，无有止息，又岂待生？张子知死而不亡者可与语性，知道者也。”这是甘泉和弟子的对话，其中的意思是，“理”“气”是统一的，“道”“气”也是一样的，不能分而为二。但是，“道”（“性”）是本体，是永恒和不朽的。如张载所说“知死而不亡者可与语性”。

另者，儒家所说的“气”也不纯是物质性的，人的情感情绪就属于“气”的范畴，“浩然之气”也是如此。他讲：“其为气配义与道，配者，合一之谓也，非以此合彼为有助之谓也，言有助则二也。其浩然者，即气即道义也，非道非义，何以浩然？而不浩然，何有道义？故曰：无是，馁也。道义者，气之中正者也。气之不中不正，则索然而馁。集义所生，可以见理气之合一也。”

“浩然之气”的价值就在于“配义与道”，就在于“气”中有“道”。这就是“道”“气”的合一，也是“理”“气”的合一。

（二）心物合一

心物合一是在心性本体意义上讲的，和理气相关的是，“心”实际就是“理”，它们是内在统一的。“心”主要强调认知自觉的意义。在《心性图说》中，甘泉说：“性者，天地万物一体者也。浑然宇宙，其气同也。心也者，体天地万物而不遗者也。性也者，心之生理也，心性非二也。”“故心也者，包乎天地万物之外，而贯夫天地万物之中者也。中外非二也。天地无内外，心亦无内外，极言之耳矣。”“性”是万物之体，是“心”之“生理”，即活动之理。“心性非二”。“心”无内外，亦是无待。它包乎万物，又贯乎万物，故物之存在，无外乎“心”，只有在“心”的意义上“物”才获得了存在的价值。若用现象学的观点，不然的话，它就只是一个“在者”。

（三）事理合一

“事理合一”中的“事”就是道德实践，人的道德实践总应该有个“理”。这样一来，人在日常的道德实践中就不应该把自己的认知局限在属于小学的“洒扫应对”上，而要认识其中的“理”，从而使自己道德实践有合理性的根据。这就是“事理合一”。甘泉说：“人事即有天理，所谓下学者，学天理也。若只学人事而遗天理，安能上达？先正分作两截，殊未可晓。故可言传者，求天理之方，即是下学也；不可言传者，天理之妙，即是上达也。如小学于洒扫应对上，便是立诚敬下学，若诚敬得之于心，不可言语形容处是上达，岂分人事天理为两段？若如此，便是支离。”如若“支离”，分析事理为二，道德实践就是去了根据和价值。

（四）内外合一

什么是内外合一？甘泉解释："体用合原，物我合体。"即"心性"本体和其功用、作用的合一，也即物和我、事和心的合一。所以，所谓"合一者"就成了"德"。"德"是品德，"德"是人格。"君子之学，内外合一，动静合几，体用合原，物我合体。内外合一者德，动静合几者神，体用合原者道，物我合体者性。""体用"合一就是"道"，"物我"合一就是"性"，万事万物各正其性。依"性"而行，就谓之"道"，所谓"率性之谓道"，"道"是"性"之道德实践的体现。

人之学习目的就在"内外合一"。"学莫大乎内外合一，一则无事矣。"所谓"无事"，就是没有外在事物的牵累，就是主体的身心自由，表里如一，言行一致。当然，要达到这样的境界需要一个过程，也需要一步一步来，也许一下子达不到，但可以通过实践，即"习"，就会渐渐地实现这一目标。如果还没有达到，"盍观诸鸟雏之习也，以渐而高远"，看看小鸟是怎样学习飞翔的，慢慢地它们就越飞越高，越飞越远。

人不免有一些不好的习惯，这是人们的"习心"造成的，"习心"乃习染之心。他说："习心即人心，心只是元一个好心，其不好者习耳。习尽则元来本体广大高明，何尝有缺？何所沾惹？内外合一。""心"本来是好的，不好的"习心"就应去掉，如此一来，就可以呈现本体的广大高明，可以实现"内外合一"。

（五）知行并进

"知行并进"实际讲的就是"知行合一"。为了不和王阳明的"知行合一"相混同，甘泉用了"知行并进"一词。事实上，甘泉的"知行并进"就是他自己的"知行合一"。对阳明"一念发动处就是行""知之真切笃实处便是行"这样的观点，他不同意。他说："曷曰知乎？曷曰行乎？知者行之几，行者知之实。孟子曰：'智之实，知斯二者弗去。'然而知行并进也夫。"也就说，"知"就是知，"行"就是行，两者不能混同。当然，两者也不能随便分开，"知"是对"行"的自觉，"行"是对"知"的落实。两者一同并进，方可走入"圣域"。他说："子瞑目能履乎。故为学者如履路矣。视而行之，行而视之，知行并进，其进其深，优入圣域。”

对“知行并进”，甘泉还作了进一步的说明。他认为，人们通过“格物致知”而实现“内外合一”，这事实上就是“知行并进”。还有，“随时随处体认天理而涵养之”是“知行并进”；“惟其知之深，是以能定静安虑得而行之至，所谓知行并进者也”；当然儒家经典《中庸》中所说的“博学之，审问之，慎思之，明辨之，笃行之”也可归之于“知行并进”。由此可见，他的“知”不仅是德性良知，而且是理性认知。他的“行”不仅是德性的体现，也是人们对道德实践意义的理性自觉。

总而言之，以上所说“理气合一”“心物合一”“事理合一”“内外合一”“知行并进”，皆可归结到儒家的“天人合一”上。“天人合一”绝不限于“上下与天地同流”的神圣境界，它也落实于日常生活的道德实践，落实于做人的表里如一、言行一致、知行合一。如果没有平常的人伦日用，那广大高明也就成空中楼阁了。

甘泉曾赋诗一首《示诸学者》，表达自己对弟子的一种期望，也寄托了自己的人生追求：

> 心无一物，天理见前。
> 何为天理，本体自然。
> 廓乎浑兮，四时行焉。
> 勿忘勿助，圣则同天。

“心”是自由的，不应该有一丝的遮蔽，“天理”也不是别的，就是“心”之自律，“心”之“自然”，就是“随处洒落”。廓然大公，与天浑同，四时行焉，百物生焉，人之最终依托还是那个至上的“天”。

结　语

《中庸》云“尊德性而道问学”，说的是养成良好的品德需要通过问学的道路，讲的是“德”和“学”的关系。我们研究湛氏甘泉的人格境界，也应体现这一思想。所以，此书探索的不仅是他的人格理论，也包括了他的人生实践。我们认为，甘泉的理论是从他的人生实践中总结出来的，也是从他的内在心性中流淌出来的。

甘泉年少之时失去父亲，后随母亲流离他乡，寄人篱下，这段生活经历对他来说应该是刻骨铭心的。母亲是他命运当中唯一可以依托的人，他是个孝子，为侍母他长时间未去京城会试，即“以侍母不赴会试者十有三年”。至于他的第二次赴考，乃是母命使然，殿试完成他已经是四十岁的人了，到了“知天命”的年龄。

他曾拜师白沙，承传白沙心学，继续白沙的“自得”“自然”理论，并发明了“随处体认天理”，对此，白沙评价甚高：“著此一鞭，何患不得到古人佳处也”。白沙“主静”，甘泉“主敬”，并明言自己的“主敬”是建立在“主静”基础上。在白沙弟子中不乏饱学能文之士，而甘泉能承其衣钵，自有其中因由。白沙性格狂放，主要反映在他对主体性的充分发挥：“天地我立，万化我出，而宇宙在我”。“我”是主体，也是本体。“我”开创了有明一代的学术新风。经典的“六经”乃是“我”的注脚。

甘泉和阳明是同事、至交。阳明性格刚烈，为了戴铣一案去冒死进谏，即使遭受棍杖，下入诏狱，被贬谪龙场，仍在所不辞。在百死千难中他创立了阳明心学。“吾性自足，不假外求。”提倡“知行合一”，主张“致良知”。

首先，甘泉不像白沙、阳明那样狂放、刚烈，但不无“豪迈俊敏”（冈田武彦语）。他承得白沙的“自得”和“自然”，但态度比较入世；他的性格相对内敛，他有良好的品德，又有很高的学识，他有很多朋友，其中不乏达官显贵、硕学鸿儒。然而，毕竟是一代儒宗，他有自己的人生信念，也不会随波逐流，更不会人云亦云。阳明赴难，他以诗相送，阳明回赠，两人相互勉励，惺惺相惜。他的门徒很多，史书记载有四千之众，历史上能与之匹敌者当无几人，之所以如此，应在于他的为人和为学。“六经注我”是他的为学特征，其思想的主体性异常突出。

其次，甘泉的学说更多地呈现出中庸、中和和折中的特点，它有很强的包容性，犹如他的人品，宽阔厚道。这种包容的学品主要体现在他对以往理论的借鉴上，包括他对周、张、程、朱、陆思想的吸收，他讲“随处体认天理”，其中包含了两层意思。一是实践体悟。在随时随处的道德修养和实践中都能体认、彰显“天理”的价值。二是理性认知。阳明批判甘泉学说“求之于外”，黄宗羲批评“若以天地万物之理，即吾心之理，求之天地万物，以为广大，则先生仍为旧说所拘也”，并认为“体认于感，其言终觉有病也”。正好说明甘泉学说中理性思维的特点，因为理性思维本来就是有对象的。甘泉也提“体认天理”是“兼知行”“合内外”。既然是“合内外”，其前提就是有内外，所以，王、黄的批评并非没有道理。

还有在知行观上和王阳明的分歧，也说明甘泉哲学理性思维这一特点。甘泉认为“知”就是知，“行”就是行，概念需要清晰，两者不必混同。他提“知行并进”，而很少讲“知行合一”，原因在于王阳明的“知行合一”搞混了两者的界限。当然，他对“知行合一”也有自己的理解：“知行合一”就是言行一致和表里如一。他认为“知行合一”是圣人之事，而“知行并进”乃是学者之事，到了功夫熟处也就实现了“知行合一”。

再次，他的思想非常简洁。他的哲学命题“心包万物”“心贯万物”“随处体认天理”“知行并进”，简单而深邃，明晰而易知，一点都不繁复。这体现了岭南文化的特点。简单明了，不会把简单的问题复杂化，犹如禅宗哲学一般，更像老师白沙，其逻辑是实用的、易简的，而不是理论的、繁复的。在这个意义上，我们说他的思想很接地气，因为一般人都可以明白他所讲的道理。

由此可见，甘泉哲学（包括他的人格涵养境界理论）具有三个明显的特点：主体性、包容性，以及简洁性。文如其人，他有自己的个性。虽和阳明同属心学，亦是至交，但在学问上毫不妥协；他“外同乎俗，内秉纯洁”的处世方式凸显包容、理性的特征；其哲学命题的简洁是其思想简洁的表达。所有这些都很好地反映了他这个人的特性，也在很大程度上体现出岭南文化的品格。

后　记

《心学大师湛若水丛书》的背后是由十多位专家组成的学术团队，这个团队在广东省岭南心学研究会黄明同创会会长的带领下，齐心协力，团结一致，同心同德地完成了这项任务，这是一件非常愉快而有意义的事情，我为在此团队中承担一点任务而感到高兴。随着时间的推移，这件事情的意义将会逐渐凸显出来。我珍惜这个团队，珍惜与团队的合作，更珍惜这个团队的友谊。

对于湛氏甘泉，我以前了解得不多，只是通过参与点校《湛若水全集》才对他的学说有了一点理解，说实在的，理解得还很肤浅。这次撰写甘泉的人生涵养境界，困难不少，在向同道学习和与之切磋中我有了一点心得体会。由于是集体项目，时间上有要求，即使完成了任务，也总感觉不太满意。故只能求得方家批评指正了。

书稿完成之后，得到了团队成员的指点，特别是黄明同老师、戢斗勇研究员（广东省岭南心学研究会原常务副会长兼法人代表）和黄明喜教授（广东省岭南心学研究会常务副会长兼秘书长）的指正，我非常感激！现在社会上缺少的就是这样的畏友，通过在团队里的交流合作我们成了好朋友。

具体负责书稿的广州出版社的编辑和校对人员为本书的出版付出了很大辛劳，书稿中的许多问题都是他们一个一个找出来的，哪怕是一个很小的纰漏都会被发现。虽然我也算是和文字打了一辈子交道，但清样稿出来之后，问题之多，令我吃惊。这其中除了个人疏忽之外，还有学问功夫和为学态度问题，所以，对于广州出版社的编辑和校对人员，我心存感激。

人这一辈子总有个命，在研究甘泉思想的过程中，我一直认为甘泉是三命俱佳，他的“气命”不错，在那个年代里能活到九十五岁，是非常难得的。他的“性命”很好，品行端正，内秉纯洁，做人正直，做事干净。他的“遇命”难得，在他的一生中遇到了不少贵人，当然，这与他的为人有关。“不知命无以为君子”是孔子的名言，甘泉应当是深有体会的，而且在三命中“性命”最为重要。

反观自身，能走到今天，首先是得之于父母和祖母的养育、老师的培植、亲人的支持，以及同学同道的帮助，这些人都是我命中的贵人，对于他们我会铭刻在心，永不忘记。当然，国家的改革开放政策，特别是高考的恢复，改变了一代人的命运。尽管“命”的问题非常复杂，但我相信“命由己造”的道理。人生的路不是现成的，而是走出来的，自己的路只能靠自己走，别人代替不了。路是什么？“率性之谓道”。最后还是落实到“性”上，落实到个人的心性修养上，中国古代传统哲学讲的就是这个道理。这也是我们研究甘泉哲学的意义所在。

2018年1月9日